本书是教育部高等学校全国优秀博士学位论文作者专项资金资助项目
《基于战略导向的军人工资改革研究》课题（编号：2014090）的阶段性成果

世界典型国家军人工资制度状况与启示

王刚　彭艳　于雯◎编著

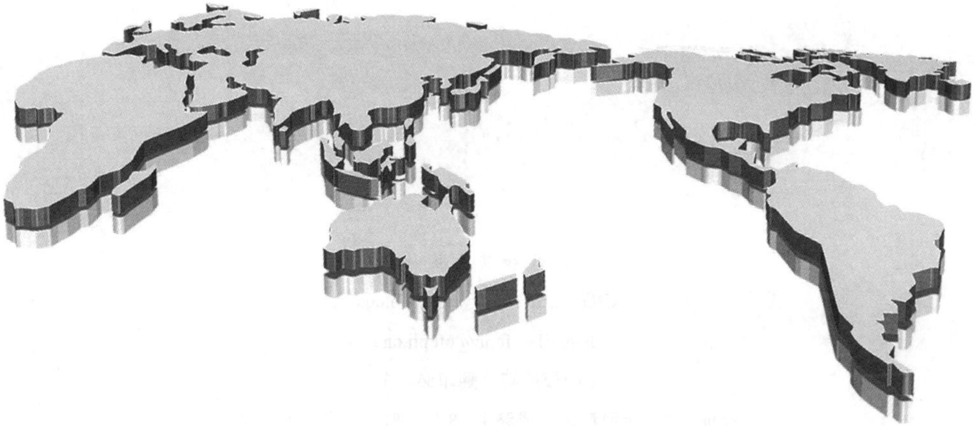

中国财经出版传媒集团
中国财政经济出版社

图书在版编目（CIP）数据

世界典型国家军人工资制度状况与启示 / 王刚，彭艳，于雯编著. —北京：中国财政经济出版社，2017.6

ISBN 978-7-5095-7447-8

Ⅰ. ①世…　Ⅱ. ①王…　②彭…　③于…　Ⅲ. ①军人—工资制度—研究制度—世界　Ⅳ. ① E123

中国版本图书馆 CIP 数据核字（2017）第 095706 号

责任编辑：卢关平　　　　责任印制：张　健

封面设计：逸品文化　　　　版式设计：逸品文化

中国财政经济出版社出版

URL：http：// www.cfeph.cn.

E-mail：cfeph@cfeph.cn

社址：北京市海淀区阜成路甲 28 号　邮政编码：100142

营销中心电话：88190406　北京财经书店电话：64033436　84041336

北京财经印刷厂印刷　　各地新华书店经销

787 × 1092 毫米　16 开　14.25 印张　206 000 字

2017 年 6 月第 1 版　2017 年 6 月北京第 1 次印刷

定价：36.00 元

ISBN 978-7-5095-7447-8

（图书出现印装问题，本社负责调换）

本社质量投诉电话：010-88190744

摘要

军事劳动是一项特殊的社会劳动，军人职业的艰苦性、风险性和流动性，在世界各国普遍受到尊重和优待。在军队工资制度中体现军人职业特点，是国家和社会对军事劳动价值的肯定，也是军人工资待遇优待政策的核心内容。军人工资制度作为军队人力资源管理制度的重要组成部分，是国家从法律和行政上对军人劳动价值给予认可和评价的管理体系，其一般由国家最高权力机关、最高行政机关或军队最高统帅机关以法律形式规定，具体包括工资构成、工资标准、增资机制、管理机制等方面的内容。

为维护国家利益和保障国家安全，世界各国普遍重视国防和军队建设，将军人工资制度作为优化军事人力资源配置的有力工具和推进军事战略实施的强大抓手。为吸引和保留军队所需人才，世界各国以军人的发展需求和劳动付出为研究基点，以军事人力资源管理战略需求为依据，通过军地职业比较和对军事劳动特性的系统考量，按照“付出与报酬对等”原则，优化和完善工资结构，给予军人优厚的工资待遇，以鼓舞士气，激励军人献身国防。同时，不少国家还制定了一系列法规制度对军人工资予以规范，并采取具体的方法措施给予保障，使军人的社会地位和经济地位在国家社会中都处于显著位置。

本书选取美国、俄罗斯、英国、法国、日本、韩国的军人工资制度作为研究对象，系统梳理了各国军人工资状况、军地工资收入对比状况和军人工资管理机制，归纳了各国军人工资的特点，最后提炼出对我军工资制度改革的有益启示。全书由绪论、正文和结语共三个板块组成。

绪论：开宗明义地指出为什么要研究世界典型国家军人工资制度，简要说明本书的研究意义、研究目标和研究框架。

正文：从工资项目、标准、结构、增长机制四个方面全面分析了美国、俄罗斯、英国、法国、日本、韩国的军人工资状况，进而比较了各国军地间的工资差距，梳理了各国军人工资管理机制状况，归纳了各国军人工资管理的特点。他山之石、可以攻玉，最后汲取世界典型国家军人工资制度设计方面的有益经验，从战略层面、策略层面和对策层面提炼出对我国军人工资制度改革的有益启示。

结语：总结了本书的研究成果，提炼了主要观点，并就下一步更深入的研究进行展望。

目录

绪论

军队是维护国家主权独立和保护领土完整的武装集团，国不可一日无防。瑞士军事理论家若米尼在《战争艺术概论》中指出："假如在一个国家里，那些牺牲生命、健康和财产去保卫国家的勇士们，其社会地位，还不如那些大腹便便的商贾，那么这个国家的灭亡，就一点都不冤枉。"[①] 纵观历史，任何一个强大的国家都高度重视军人经济待遇，并采取有效措施和方法来提高军人经济待遇，使军人的社会地位和经济地位在国家社会中都处于显著位置。

一、研究意义

随着社会经济的不断发展，人在各类组织以至整个国家经济运行中的地位和作用越来越显著，人力资源管理作为一种管理技术和一门学科也从无到有、不断丰富。美国管理学大师彼得·德鲁克（Peter F. Druker）认为"所谓企业管理最终就是对人的管理……人的管理是企业管理的代名词"。世界新军事变革的实践表明，提高官兵素质，抢占人才队伍建设的制高点，是各军事强国共同的做法。推进新军事变革，核心是加强军队信息化建设；而要全面推进军队信息化建设，必须首先在人才队伍转型上实现实质性跨越。现代

① 若米尼：《战争艺术概论》，华中科技大学出版社 2016 年版，第 8 页。

军事劳动是知识、技术密集的复杂综合性劳动，军队的职能和军人的职业特性，要求军人具备较高的文化水平、娴熟的军事技能、高超的组织才干、坚强的意志品质和严谨的职业素养。人才在当前这场新军事变革中具有战略性、决定性和牵引性作用，其转型的程度和效果直接决定和制约着其他领域转型的深度、广度和进度。因此，探索把握人才培养的特点规律，以清晰的指向、实在的抓手和超常的措施调动军人的主观能动性，全面提高军人的素质特别是信息化素质，是应对世界新军事变革挑战的必然选择，也是当前世界各国现代化建设面临的一项重大而紧迫的现实任务。

随着知识经济时代的到来，人力资本更是成为各类组织管理运作的核心，人力资本的管理水平则成为组织能否取得竞争优势的关键因素。《美国国防部长 2001 财政年度国防报告》中指出："美国的军事优势依靠的是高素质的军人，而高素质的军人需要我们为他们提供相适的薪水、住房和医疗保障。"[①] 工资管理作为人力资源管理系统中的重要组成，它向劳动者传达组织的价值导向，鼓励和规范成员行为以符合组织发展要求。同时，工资管理系统还通过与组织发展战略保持一致性，来将组织成员的努力和行为都集中到能够提升组织竞争力的方向上来。美国薪酬问题专家托马斯·B. 威尔逊在《薪酬框架——美国 39 家一流企业的薪酬驱动战略——秘密体系》一书中指出，企业应该跳出薪酬看薪酬，把薪酬当作一种工具、一种手段，用来将员工的努力导向企业的战略远景。威尔逊强调应首先识别企业战略和明确其成功的关键因素，建立企业关键要素与员工工作的关系，然后将员工的薪酬与战略关键要素、战略实现进度和工作成效挂钩[②]。军人工资的本质功能也是通过经济手段引导军人个体行为，使其符合军队人力资源管理战略，以满足军事战略需求。因此，军人工资制度设计应在军事战略需求的牵引下，通过明晰"军队需要什么样的人员"、"军队鼓励军人怎样的行为"等基础性问题，以

① 《美国国防部长 2001 财政年度国防报告》，中国人民解放军 57402 部队，2001 年译，第 2 页。

② （美）托马斯·B. 威尔逊：《薪酬框架——美国 39 家一流企业的薪酬驱动战略——秘密体系》，华夏出版社 2001 年版，第 63 页。

明确军队人力资源管理战略，进而通过设计科学的工资制度来引导和规范军人个体的行为，以促进军事战略的实现。

马克思指出:“人们奋斗所争取的一切，都同他们的利益有关。”[①] 当前，在市场经济的大背景下，社会各领域对人才的竞争越来越激烈，而人才的竞争在很大程度上就是工资待遇高低的竞争。2002 年美国国防部长拉姆斯菲尔德在财政年度国防报告中就美国军队如何吸引和保留人才作了专题论述，他指出:“美国武装部队继续面临着招募与保留人员的挑战。要想成功地解决这一问题，关键的一点是要保证服役人员恰当的生活质量。这个国家目前经济繁荣，对军队人员拥有的技术、经验与知识的需求也日益增多，这些发展意味着军队与社会之间对高素质人才的竞争将日益激烈。”[②] 因此，为维护国家利益和保障国家安全，世界各国普遍重视国防和军队建设，将军人工资制度作为优化军事人力资源配置的有力工具和推进军事战略实施的强大抓手。为吸引和保留军队所需人才，世界各国以军人的发展需求和劳动付出为研究基点，以军事人力资源管理战略需求为依据，通过对军事劳动特性的系统考量和军地职业间劳动状况比较，按照“劳动付出与工资报酬对等”原则，通过健全军人工资法律法规体系、优化和完善工资结构、合理定位军人工资水平、规范军人工资管理机制等措施，给予军人优厚的工资待遇，以鼓舞士气，激励军人向着国家军事战略需求的方向努力。借鉴世界典型国家军人工资制度设计上的合理经验，可以帮助我们开拓视野、理清思路，为完善我军工资制度提供有益启示。

二、研究目标

党的十八届三中全会把国防和军队改革作为一个重要部分纳入国家改革战略全局进行部署，中央军委成立了深化国防和军队改革领导小组。这次军

①《马克思恩格斯全集》第 1 卷，人民出版社 1972 年版，第 82 页。

②《美国国防部长 2002 财政年度国防报告》，中国人民解放军 57402 部队，2002 年译。

队改革将重点推进领导指挥体制、优化规模力量编成、深化政策制度改革、推动军民融合式发展，实现构建中国特色现代军事力量体系的目标[①]。特别是在政策制度改革方面，将加大军官制度、士兵制度、文职人员制度、后勤政策制度改革力度，全方位、深层次地解决军队建设面临的矛盾问题。军人工资制度关系到广大官兵的切身利益，涉及军队建设的各个方面，在政策制度改革中居于重要地位，需要在配套改革上主动作为，按照军官职业化、士兵专业化、文职人员一体化改革要求，适应军官军衔制度、士官管理制度和文职人员身份定位等改革需要，相应调整各类人员工资待遇制度，使之与军队人事制度改革相衔接、相配套。一方面，由于干部、士官人事管理制度决定军人的军衔、军龄等因素，是确定基本工资项目的根本依据，构成了军人工资制度的主要内容。另一方面，科学合理的军人工资制度能够为军官、士官人事管理制度的有效运行提供重要的待遇支撑。随着我军军官、士官人事管理制度改革的深化，特别是军衔制度的调整改革，军人工资制度也应进一步调整完善，并始终保持与军官、士官人事管理制度相衔接、相配套。

为吸引保留军队高素质高技术人才，典型国家普遍高度重视军人工资制度建设，并将提高军人工资待遇作为政府长期奉行的刚性政策。兰德公司的阿施（Beth J. Asch）教授和克莱姆森大学的沃纳（John T. Warner）教授针对人们认为军队不像民营部门那样需要顶级人才的想法时指出："在沙漠风暴行动中，一个处于危难之际，冒着生命危险，能指挥250万人和700亿美元军事资源的将军，其所创造的边际产品不亚于IBM这样大公司的CEO所创造的边际产品"[②]。世界各国在制定军人工资制度时，对外注重协调好军人工资与劳动力市场工资之间的差距关系，着力体现军人职业的优越性与竞争力；对内注重合理体现不同职衔、地区、岗位和贡献军人间的工资差别，凸

---

① 《中国共产党十八届三中全会公报》，2013年11月12日中国共产党第十八届中央委员会第三次全体会议通过。

② Beth J. Asch，John T. Warner：A Theory of Compensation and Personel Policy in Hierarchical Organizations with Applications to the United States Military[J]，Journal of Labor Economic，2001，Vol.19，No.3.

显军人个体劳动差别、职责轻重和贡献大小，力求使军人的工资报酬体现其劳动贡献和社会地位，并经过不断的实践和检验，确立了一系列保障军人工资待遇的法律法规与政策制度。

目前，世界典型国家主要实行两类工资制。一类是军衔工资制。美、英、法、日、韩、印等大多数国家军队实行军衔工资制，以军衔作为军人职务、德才表现、工作业绩和在军队服役资历的尺度，工资标准按军衔级别、衔龄和军龄划分出等级和档次，因而衔级和衔龄决定着工资收入的高低。另一类是职务、军衔结构工资制。俄罗斯等国实行职务、军衔结构工资制，其工资的具体类别和标准由政府根据军人的职务、军衔和军龄因素，参照军事勤务特点和各类军人服役制度来设计，军人个体间的工资差别主要通过职务工资和军衔工资共同来体现①。据外媒公布2016年全球军力指数排名，前十名的国家分别是：美国、俄罗斯、中国、印度、英国、法国、德国、土耳其、韩国和日本。着眼我国面临的周边安全形势，立足学习发达国家军人工资制度的成熟经验，比照有的发展中国家军人工资制度设计的可行做法，本书选取美国、俄罗斯、英国、法国、日本、韩国等典型国家，从军人工资状况、军地工资水平比较、军人工资管理机制等方面研究其现行军人工资制度状况。美国作为当今世界唯一的超级大国，其工资制度是许多国家学习的标杆；英、法两国是老牌的资本主义国家，也是世界军力排名前十的国家，军人职业化改革都已完成，军人工资制度也较为科学完善；俄罗斯是军事强国，也是金砖国家，发展阶段和面临的机遇挑战与我国有许多相似点，且两国的军人工资制度最初的参考模板都可追溯于苏联的军人工资制度；日、韩两国都是东亚军事强国，军队建设正规化水平高，且都秉持着相通的东方文化，其军人工资管理模式具有一定借鉴价值。通过全方位解析上述各国的工资制度状况与特点，以期为我国建立完善与军官职业化制度、士官制度、兵役制度相适应的工资制度提供改革思路，支撑我军军事人力资源政策制度改革创新。

---

① 石宝江、肖德伟：《俄军加强福利保障问题探析》，《外国军事学术》2009年第4期。

三、研究框架

本书分为绪论、正文和结语三部分。

绪论开宗明义地指出为什么要研究世界典型国家军人工资制度，明确本书的研究意义；着眼我国国防和军队改革需求，提出研究目标，并甄选研究对象；理清本书研究思路，提出研究框架。

正文由八章组成，分为现状分析篇和经验启示篇两大部分。第一章至第七章为现状分析篇，从工资项目、标准、结构、增长机制四个方面全面分析了美国、俄罗斯、英国、法国、日本、韩国的军人工资状况，进而比较了各国军地间的工资差距，梳理了各国军人工资管理机制状况，归纳了各国军人工资管理的特点。第八章为经验启示篇，汲取世界典型国家军人工资制度设计方面的有益经验，立足我国国情和军情，从战略层、策略层和对策层得出完善我国军人工资制度的有益启示。

结语总结了本书的研究成果，提炼了主要观点，并就下一步更深入的研究进行展望。

第一章

美国军人工资的状况与特点

美国作为当今世界第一军事大国，其在世界 140 多个国家和地区设有海外军事基地 374 个，是世界上唯一能向全球投放大规模作战部队并有能力远离本土发动一场区域性战争的国家。美军目前设有 9 个联合作战司令部（Unified Combatant Command），其中 6 个按地理划分、3 个按功能划分，分别为：美国北方司令部、美国中央司令部、美国欧洲司令部、美国太平洋司令部、美国南方司令部、美国非洲司令部、美国特种作战司令部、美国战略司令部、美国运输司令部。美军认为，先进的人力资源管理是美军保持强大战斗力的最重要因素之一。美国自 1973 年实行志愿兵役制，其主要依靠优厚的工资、各种福利待遇以及就学和发展机会等吸引青年入伍。面对日益复杂的国际形势和不断变化的安全环境，为适应未来军队对军事人才的需求，维持美军的人力资源优势，2015 年 11 月 8 日美军启动 25 年来最深入的一次人事制度改革，力求打造应对新世纪多种挑战的“未来部队”。综合改革措施来看，美军人事制度改革体现出四大发展动向：美军人员招募理念由被动式任务向主动式招募发展、美军人员管理方法由传统人事管理向以注重信息技术的现代人力资源管理发展、美军人才保留方式由关注集体利益向关注个体需求转变、美军军官晋升渠道由单一化向多元化转变。美军认为，只有重视军人的物质利益，才能使军人不断完善自己的军事技能和树立乐于奉献的精神，这是增强部队战斗力和凝聚力以及打赢未来战争的重要保证。兰德公司的一份研究报告称，增加工资是保持部队稳定的“最有效措施”，军人加薪 10%，新兵入伍率和报考军校的高中毕业生一般可提高 40%。近年来，随着美军工资制度的不断完善，军人在美国社会的经济地位稳步上升，从军是不少青年向往的职业。

第一节　美军的工资状况

美国拥有一支强有力的武装力量，美军正式全称为美国武装部队，主要由现役部队、预备役部队和文职人员组成。截至 2016 年年底，美军现役部队人数约 140 万人，其中陆军 50 万人，海军和空军各 35 万人，海军陆战队 18 万人。陆军分为 10 个战斗师和 4 个独立旅及装甲骑兵团；海军编制为 5 个舰队，共 12 个航母战斗群、11 个两栖戒备大队、59 艘攻击潜艇、117 艘战舰和 10 个舰载机联队；空军编制为 20 个美国军队飞行联队（每个联队约 74 架战机）；海军陆战队编制为 3 个师和 3 个勤务支援大队，装备 3 个飞行联队（约 21 个中队）。陆军国民警卫队、陆军后备队、海军后备队、陆战队后备队、空军国民警卫队、空军后备队等后备役部队总员额为 87.71 万人；各类文职人员总数为 74.65 万人。

美军实行军衔工资制，其对军衔有严格的法定限额和构成比例，规定将、校、尉军官的比例为 1∶90∶160，现役将军总人数不超过 1,073 名，实行的是“一职一衔”的职位衔本位制。现役军官按军衔分为上将、中将、少将、准将、上校、中校、少校、上尉、中尉、少尉 10 级。对应职务分别是参谋长联席会议主席、军种参谋长、战区司令官、集团军司令为上将；军种副参谋长、军长、航空队司令、舰队司令为中将；师长、航空母舰特混部队司令为少将；副师长、独立旅旅长为准将；团长、空军联队长、舰长为上校；副团长、部分营长、舰艇中队长为中校；副营长、舰艇分队长为少校；连长为上尉；副连长为中尉；排长为少尉。具体如表 1-1 所示。

表 1-1　　美军军衔与职务对应表

序号	军衔	军官职务
1	上将	参联会主席、战区司令、军种参谋长、集团军司令
2	中将	军种副参谋长、军长、航空队司令、舰队司令
3	少将	师长、航空母舰特混舰队司令
4	准将	副师长、独立旅旅长
5	上校	团长、空军联队长、舰长
6	中校	副团长、部分营长、舰艇中队长
7	少校	副营长、舰艇分队长
8	上尉	连长
9	中尉	副连长
10	少尉	排长

准尉由三军军种部准尉审选委员会在现役或预备役士兵、文职人员中择优选拔，一般从事较复杂的专业技术工作，如担任陆军直升机驾驶员，飞机、火炮、舰艇、战斗车辆的维修技师，导弹操作手，海军与海军陆战队的水手长、轮机长、军械师等。陆军和海军陆战队的准尉军官分 5 级，海军的准尉军官只有 4 级，空军没有准尉军官。

美国军官授衔与晋衔都必须根据国会通过的《军官人事法》、《军官衔级限额法》、《国防军官人事管理法》的规定组织实施。这些法规对军官的才、资、学历、身体、业绩等都有明确要求；对年龄、现衔年数和军龄都进行了明确规定。美军实行职务与军衔同步晋升制度。军官晋衔分三级审批：将官晋升上将、中将由总统审批，并经过审选委员会及参议院确认；晋升少将、准将由总统审批；晋升上校以下军衔由三军部长审批。

美军工资主要依据军衔来设计，工资标准由国会审核制定。军官作为联邦政府官员，享受较高的工资待遇以及相应权利。领取工资与津贴的权利按照军衔与军龄确定的工资标准由法律规定；当军人受到军事法庭审判、财产受到抵偿或擅自离队时，可以部分取消其领取工资与津贴的权利。军人工资标准参照劳工部的雇佣成本指数确定，根据 1970 年《联邦薪金比较法》的相关规定，国会每年会将军人工资标准同联邦雇员、私营企业雇员的工资标准对比，定期公布修订后的军人工资标准，军人工资比同级国家公务员高 20% ～ 25%。

一、美军工资的项目构成

美军工资主要包括三大项目，即基本工资、补贴、特殊津贴和奖金。工资项目功能定位比较明确。基本工资是全体军人的基本法定收入和主要收入来源，其以军衔为划分尺度，考虑服役年限因素来设置军衔工资标准；补贴主要考虑军人生活和工作方面的共性需求，综合军衔、服役年限和个人需求差异来设计标准，目前已达 30 多项；特殊津贴和奖金主要为在对身体有危害的岗位上工作和对生命有危险的环境中任职的军人而设置，并兼顾军人的任务、技能及生活需求等方面的因素来设计具体标准，目前已达 50 余项。由于基本工资和补贴是军人工资收入中最主要组成，通常称为常规军事报酬（Regular military compensation，RMC）。

（一）基本工资

基本工资（Basic pay）是美国军人收入的主要来源，是每名军人都正常享有的一种收入，其在军人工资收入中居于主体地位。美军基本工资实行军衔等级工资制，其标准按军衔的高低和服役年限来设计。军官的基本工资按军衔分 13 个等级，准尉、士官和士兵的基本工资按军衔划分为 14 个等级。工资标准在每个军衔中，又根据军龄不同划分为 22 个档次，对服役年限不同的军人设置相应的工资标准给予不同的工资。军人工资通常每月最后一个执勤日下发，海军也允许每半月发放 1 次。军官的基本工资属于纳税范畴，必须缴纳个人所得税和社会保险。

（二）补贴

补贴（Allowance）与基本工资属于“正规薪饷”，其主要保障军人的基本生活需要，具体包括生活补贴、服装补贴、住房补贴、个人现金补贴和家庭分离补贴。

1. 生活补贴（Basic allowance for subsistence，BAS）。也称为伙食补贴，它是对美国军人伙食的一种经济补助，约占军人基本工资的 5%，属于免税项目。从 2002 年 1 月 1 日起，所有军人都享受全额生活补贴。由于生活补贴设置的目的是保障军人的饮食需求，因而补贴标准取决于食物的价格。美军生活补贴标准每年根据美国农业部的食物成本指数进行相应调整。同时，考虑一些军人家庭的生活困难实际，设置了家庭生活补贴（Family subsistence supplemental）。

2. 服装补贴（Clothing allowancs）。它是用于保障现役军人被服装具的费用，分为初始服装补贴（Standard initial clothing allowance）和服装置换现金补贴（Cash clothing replacement allowance）。初始服装补贴在军人入伍或具备特殊资格享受规定的被服时发放，通常以实物形式或实物与货币组合的方式发放。服装置换现金补贴是每年在军人入伍的当月发放用于置换军服的费用，其在初始服装补贴发放 3 年后执行，具体标准根据军服正常穿戴或参加任务而磨损的服装价值计算得出。

3. 住房补贴（Basic allowance for housing RC/Transient，BAH）。它是除基本工资之外，美军工资的重要组成部分，约占军人工资的 27% 左右。美军住房补贴是从 1999 年 1 月 1 日起生效的，属于免税项目。

美军通过两种方式保障军人住房需求：一是居住营区公寓房。目前，居住在营区公寓房的军人约占现役军人的 1/3。按照美军的规定，凡已婚军官和军龄超过两年的下士以上的已婚士兵，都有权申请家属住房。美军住房标准从单身公寓到四间卧室的家庭住房共设立六个层次，其中美军将官的住房使用面积通常为 195 平方米，校官为 130 ～ 158 平方米，尉官为 134 ～ 140 平方米[①]。凡按标准居住营区公寓房的军人，不交房费、水电费、取暖费和维修费，也不发放住房补贴。超标准住房者，超面积部分要自付房租。二是租住民房或私房的。目前，租住民房或私房的军人约占现役军人的 2/3，其每月都可领取一定数额的住房补贴。美军住房补贴是旧的基本住处津贴

① 资料来源：http ://secureappz.hqda.pentagon.mil/perdiem/bah.html.

（BAQ）和可变住房津贴（VHA）的结合，其设置的目的是使不同军衔军人的住房需求能得到更加公平保障，并与所生活的地区住房消费保持一致。住房补贴标准不是基于军人自己申报的住房费用，而是根据当地居民的住房消费的标准来综合决定。住房补贴标准设置的依据考虑三个因素：一是家庭状况，是否抚养小孩；二是地理位置；三是工资级别。通常，高消费地区的住房补贴高于消费水平低的地区。

按照军人是否居住军队提供的住房，美军住房补贴分为两种情况：

（1）军人没有居住营区公寓房的基本住房补贴。按照《国防部财务管理条例》第 7A 卷第 26 章的规定，在美国本土、海外及保护国服役而军队没有提供住房的人员均可以享受全额住房补贴。这种住房补贴又可以分为两种形式：一是带家属基本住房补贴。按照规定，军人只要有一个随军家属即可享受带家属补贴，与家属数量无关。二是不带家属基本住房补贴。其主要适用于未带家属的单身军人。如果夫妻双方均为现役军人，有一个小孩，孩子与父亲或母亲随军，那么职务较高的可享受带家属基本住房补贴，职务较低的可享受不带家属基本住房补贴。如果双军人婚后无子，双方均可享受不带家属基本住房补贴。

（2）军队提供住房但标准不够的住房补贴。这种住房补贴也可以分为两种形式：一是部分基本住房补贴（Partial BAH）。凡是住营区单身宿舍的军人不能享受全部住房补贴，只能享受部分基本住房补贴。二是特殊基本住房补贴（BHA-Diff）。特殊基本住房补贴是指已居住军队提供的单身住房且需抚养子女的军人所享有的住房补贴。按照《国防部财务管理条例》第 7A 卷第 26 章的规定，如果每月用于抚养子女费用低于差额住房补贴，军人将获得这一部分的补贴。特殊基本住房补贴标准由国防部长确定[①]。

4. 个人现金补贴（Personal money allowance）。为体现军队高层管理者的指挥管理要素付出，凸显指挥官的战略管理职责，美军设置了该补贴。目前美军只有中将以上高级将领才能享受该补贴，实行按月发放。

① 翟刚：《美国国防费管理概况》，国防工业出版社 2007 年版，第 152 ～ 153 页。

5. 家庭分离补贴（Family separation allowance）。它主要面向由于工作需要在家庭居住地以外的地区执行任务超过一个月的军人而设置。不论官兵军衔等级，实行统一标准家庭分离补贴。

（三）特殊津贴和奖金

美军的基本工资和补贴主要面向军人的共性需求而设置，占军人工资收入的 70% 以上。同时，美军考虑到军人工作岗位、业务技能、任务危险程度、工作地域等方面的差异，明确规定：因工作需要在特殊环境（多指对身体有危害和对生命有危险的环境）中任职的官兵还应享受特殊津贴和奖金（Incentive and special pays）。特殊津贴和奖金是军人工资的重要组成部分，对保障军人个体需求、体现人员劳动差异和激励军人努力服役具有重要作用。目前，美军对执行特殊任务或具有特种技术的现役军人设立了 50 多种特殊津贴和奖金，以能够根据不同的技能需求、特殊地域以及任务特征来灵活地保障个体劳动付出和评价军人业绩贡献。

1. 航空职业鼓励津贴（Aviation career incentive pay）。它主要面向飞行员和领航员发放的津贴，其标准主要依据军人的飞行年限、军衔和服役时间来设计，并按月发放。

2. 职业飞行员奖励津贴（Career enlisted flyer incentive pay）。它主要针对战斗机飞行员而设置，其标准依据飞行年限来设计，实行按月发放。

3. 危险任务津贴（Hazardous duty incentive pay）。它主要发放给执行航空飞行、跳伞、炸弹爆破与排除有毒化学物质、航母飞行甲板上执勤等工作的官兵。同时，在阿富汗、伊拉克、叙利亚等危险国家或地区执行任务的军人也可享受该项津贴。

4. 紧急状态 / 火线值勤津贴（Imminent danger pay/hostile fire pay）。它主要面向执行可能遭受敌方火力威胁的任务或在雷区执行任务的军人。当军人处在官方宣布为紧急状态区时可领取该津贴，在国外无意受到敌对火力攻击的军人也可享受该津贴。

5. 潜水津贴（Diving pay）。它主要针对受过专门潜水训练能在水下作业的军人而设置。依据潜水的难度和危险性，潜水津贴标准分为 8 级。

6. 潜艇服役奖励津贴（Submarine duty incentive pay）。它面向在潜艇上工作的军人而设置，津贴标准依据军衔和在潜艇上累积工作的年限来确定。

7. 航海职业津贴（Monthly career sea pay）。它主要为在海上服役的准将军衔以下的军人而设置，分为海军与海军陆战队、空军、陆军三个系列，具体标准依据军衔和在海上服役累积工作的时间来确定。

8. 医务人员特殊津贴（Special pays for health professional officers）。它主要给予军队从事医疗卫生保障工作的人员，具体又细分为：医疗人员特殊津贴（Variable special pay-medical officers）、医务人员的委员会认证特殊津贴（Board certified pay special pay-medical and dental officers）、医务人员特殊激励津贴（Incentive special pay-medical officers）、牙医特殊津贴（Variable special pay-dental officcrs）、牙医额外特殊津贴（Additional special pay-dental officers）和牙医多年留任奖金（Multiyear retention bonus—dental officers）。

美军除基本工资、补贴、特殊津贴和奖金外，还享受各种福利和保障。如免费医疗、税收减免、教育支持、搬迁等交通优待、购物优待、家庭救助、退休或退伍的各种保障等等，种类比较齐全，而且各类标准基本上也都能根据各自的实际情况进行调整，使其保持竞争力和影响力。如免费医疗，现役军人凭军队身份证可在任何军队医院享受免费医疗，包括住院、药费、定期体检和牙科治疗。现役军人家属、21 岁以下子女和退役军人家属，也可享受大部分免费医疗，他们住军队医院治疗仅付少量费用；转地方医院治疗，军队支付 80% 的费用。此外，联邦税收减免增加的收入约占军人固定工资收入的 5%。

二、美军工资的具体标准

（一）基本工资标准

美军的基本工资标准每年调整一次，以确保军人的基本工资的实际购买力不因物价上涨而下降。美军 2016 年 1 月 1 日起执行的基本工资标准具体见表 1-2 所示。

表 1-2　　美国现役军人基本工资标准表（2016 年 1 月 1 日起生效）

单位：美元 / 月

服役年数 / 军衔	≤ 2 年	＞ 2 年	＞ 3 年	＞ 4 年	＞ 6 年	＞ 8 年	＞ 10 年	＞ 12 年	＞ 14 年	＞ 16 年	＞ 18 年
上将（O-10[1]）											
中将（O-9[1]）											
少将（O-8[1]）	9,946.20	10,272.00	10,488.30	10,548.60	10,818.60	11,269.20	11,373.90	11,802.00	11,924.70	12,293.40	12,827.10
准将（O-7[1]）	8,264.40	8,648.40	8,826.00	8,967.30	9,222.90	9,475.80	9,767.70	10,058.00	10,351.20	11,269.20	12,043.80
上校（O-6[2]）	6,267.00	6,885.30	7,337.10	7,337.10	7,365.00	7,680.90	7,722.30	7,722.30	8,161.20	8,937.00	9,392.70
中校（O-5）	5,224.50	5,885.70	6,292.80	6,369.60	6,624.00	6,776.10	7,110.30	7,356.00	7,673.10	8,158.50	8,388.90
少校（O-4）	4,507.80	5,218.20	5,566.50	5,643.90	5,967.00	6,313.80	6,745.80	7,081.50	7,314.90	7,449.30	7,526.70
上尉（O-3）	3,963.60	4,492.80	4,849.20	5,287.20	5,540.70	5,818.80	5,998.20	6,293.70	6,448.20	6,448.20	6,448.20
中尉（O-2）	3,424.50	3,900.30	4,491.90	4,643.70	4,739.40	4,739.40	4,739.40	4,739.40	4,739.40	4,739.40	4,739.40
少尉（O-1）	2,972.40	3,093.90	3,740.10	3,740.10	3,740.10	3,740.10	3,740.10	3,740.10	3,740.10	3,740.10	3,740.10
上尉（O-3[3]）				5,287.20	5,540.70	5,818.80	5,998.20	6,293.70	6,543.30	6,686.70	6,881.40
中尉（O-2[3]）				4,643.70	4,739.40	4,890.30	5,145.00	5,341.80	5,488.50	5,488.50	5,488.50
少尉（O-1[3]）				3,740.10	3,993.60	4,1418.50	4,292.40	4,440.60	4,643.70	4,643.70	4,643.70
特级准尉（W-5）											
一级准尉（W-4）	4,095.90	4,406.10	4,532.40	4,656.90	4,871.10	5,083.20	5,298.00	5,620.80	5,904.00	6,173.40	6,393.90
二级准尉（W-3）	3,740.40	3,896.40	4,056.30	4,108.80	4,276.20	4,605.90	4,949.10	5,110.80	5,297.70	5,490.30	5,836.50
三级准尉（W-2）	3,309.90	3,622.80	3,719.40	3,785.40	4000.20	4333.80	4,499.10	4,661.70	4,860.90	5,016.30	5,157.30

续表

军衔 \ 服役年数	≤2年	＞2年	＞3年	＞4年	＞6年	＞8年	＞10年	＞12年	＞14年	＞16年	＞18年
四级准尉（W-1）	2,905.50	3,218.10	3,302.10	3,479.70	3,690.00	3,999.60	4,144.20	4,346.10	4,545.00	4,701.60	4,845.30
指挥士官（E-9[4]）							4,948.80	5,060.70	5,202.30	5,368.20	5,536.20
一级士官（E-8）						4,050.90	4,230.00	4,341.00	4,473.90	4,618.20	4,878.00
二级士官（E-7）	2,816.10	3,073.50	3,191.40	3,347.10	3,468.90	3,678.00	3,795.60	4,004.70	4,178.70	4,297.50	4,423.80
三级士官（E-6）	2,435.70	2,680.20	2,798.40	2,913.60	3,033.30	3,303.30	3,408.60	3,612.30	3,674.40	3,719.70	3,772.50
上士（E-5）	2,231.40	2,381.40	2,496.60	2,614.20	2,797.80	2,989.80	3,147.60	3,166.20	3,166.20	3,166.20	3,166.20
中士（E-4）	2,046.00	2,150.40	2,267.10	2,382.00	2,483.40	2,483.40	2,483.40	2,483.40	2,483.40	2,483.40	2,483.40
下士（E-3）	1,847.10	1,963.20	2,082.00	2,082.00	2,082.00	2,082.00	2,082.00	2,082.00	2,082.00	2,082.00	2,082.00
一等兵（E-2）	1,756.50	1,756.50	1,756.50	1,756.50	1,756.50	1,756.50	1,756.50	1,756.50	1,756.50	1,756.50	1,756.50
列兵（E-1[5]）	1,566.90										
军衔 \ 服役年数	＞20年	＞22年	＞24年	＞26年	＞28年	＞30年	＞32年	＞34年	＞36年	＞38年	＞40年
上将（O-10[1]）	16,072.20	16,150.50	16,486.80	17,071.50	17,071.50	17,925.30	17,925.30	18,821.10	18,821.10	19,762.50	19,762.50
中将（O-9[1]）	14,056.80	14,259.90	14,552.10	15,062.40	15,062.40	15,816.00	15,816.00	16,606.80	16,606.80	17,436.90	17,436.90
少将（O-8[1]）	13,319.10	13,647.30	13,647.30	13,647.30	13,647.30	13,989.00	13,989.00	14,338.50	14,338.50	14,338.50	14,338.50
准将（O-7[1]）	12,043.80	12,043.80	12,043.80	12,105.60	12,105.60	12,347.70	12,347.70	12,347.70	12,347.70	12,347.70	12,347.70
上校（O-6[2]）	9,847.80	10,106.70	10,369.20	10,877.70	11,094.90	11,094.90	11,094.90	11,094.90	11,094.90	11,094.90	11,094.90
中校（O-5）	8,617.20	8,876.40	8,876.40	8,876.40	8,876.40	8,876.40	8,876.40	8,876.40	8,876.40	8,876.40	8,876.40

续表

军衔 \ 服役年数	＞20年	＞22年	＞24年	＞26年	＞28年	＞30年	＞32年	＞34年	＞36年	＞38年	＞40年
少校（O-4）	7,526.70	7,526.70	7,526.70	7,526.70	7,526.70	7,526.70	7,526.70	7,526.70	7,526.70	7,526.70	7,526.70
上尉（O-3）	6,448.20	6,448.20	6,448.20	6,448.20	6,448.20	6,448.20	6,448.20	6,448.20	6,448.20	6,448.20	6,448.20
中尉（O-2）	4,739.40	4,739.40	4,739.40	4,739.40	4,739.40	4,739.40	4,739.40	4,739.40	4,739.40	4,739.40	4,739.40
少尉（O-1）	3,740.10	3,740.10	3,740.10	3,740.10	3,740.10	3,740.10	3,740.10	3,740.10	3,740.10	3,740.10	3,740.10
上尉（O-3[3]）	6,881.40	6,881.40	6,881.40	6,881.40	6,881.40	6,881.40	6,881.40	6,881.40	6,881.40	6,881.40	6,881.40
中尉（O-2[3]）	5,488.50	5,488.50	5,488.50	5,488.50	5,488.50	5,488.50	5,488.50	5,488.50	5,488.50	5,488.50	5,488.50
少尉（O-1[3]）	4,643.70	4,643.70	4,643.70	4,643.70	4,643.70	4,643.70	4,643.700	4,643.70	4,643.70	4,643.70	4,643.70
特级准尉（W-5）	7,283.10	7,652.40	7,927.50	8,232.30	8,232.30	8,644.50	8,644.50	9,076.20	9,076.20	9,530.70	9,530.70
一级准尉（W-4）	6,608.70	6,924.60	7,184.10	7,480.20	7,629.60	7,629.60	7,629.60	7,629.60	7,629.60	7,629.60	7,629.60
二级准尉（W-3）	6,070.50	6,210.30	6,359.10	6,561.60	6,561.60	6,561.60	6,561.60	6,561.60	6,561.60	6,561.60	6,561.60
三级准尉（W-2）	5,325.90	5,436.60	5,524.50	5,524.50	5,524.50	5,524.50	5,524.50	5,524.50	5,524.50	5,524.50	5,524.50
四级准尉（W-1）	5,020.50	5,020.50	5,020.50	5,020.50	5,020.50	5,020.50	5,020.50	5,020.50	5,020.50	5,020.50	5,020.50
指挥士官（E-9[4]）	5,804.70	6,032.10	6,270.90	6,636.90	6,636.90	6,968.40	6,968.40	7,317.00	7,317.00	7,683.30	7,683.30
一级士官（E-8）	5,009.40	5,233.80	5,358.00	5,664.00	5,664.00	5,777.70	5,777.70	5,777.70	5,777.70	5,777.70	5,777.70
二级士官（E-7）	4,472.7	4,637.10	4,725.30	5,061.30	5,061.30	5,061.30	5,061.30	5,061.30	5,061.30	5,061.30	5,061.30
三级士官（E-6）	3,772.50	3,772.50	3,772.50	3,772.50	3,772.50	3,772.50	3,772.50	3,772.50	3,772.50	3,772.50	3,772.50
上士（E-5）	3,166.20	3,166.20	3,166.20	3,166.20	3,166.20	3,166.20	3,166.20	3,166.20	3,166.20	3,166.20	3,166.20
中士（E-4）	2,483.40	2,483.40	2,483.40	2,483.40	2,483.40	2,483.40	2,483.40	2,483.40	2,483.40	2,483.40	2,483.40

续表

军衔 \ 服役年数	＞20年	＞22年	＞24年	＞26年	＞28年	＞30年	＞32年	＞34年	＞36年	＞38年	＞40年
下士（E-3）	2,082.00	2,082.00	2,082.00	2,082.00	2,082.00	2,082.00	2,082.00	2,082.00	2,082.00	2,082.00	2,082.00
一等兵（E-2）	1,756.50	1,756.50	1,756.50	1,756.50	1,756.50	1,756.50	1,756.50	1,756.50	1,756.50	1,756.50	1,756.50

说明：

1. 少尉（O-1[3]）、中尉（O-2[3]）、上尉（O-3[3]）表示曾作为士兵或准尉服现役4年以上的军官；

2. 准将、少将和上将级军官的月基本工资不得超过15,125.10美元，此为联邦政府第Ⅱ级执行工资的最高限额，O-6级以下军官的月基本工资不得超过12,516.60美元，此为联邦政府第Ⅴ级执行工资的最高限额；

3. 当担任参谋长联席会议主席或副主席、海军作战部长、海军陆战队司令、陆军或空军参谋长、国民警卫队司令或指定的战斗司令部司令时，月基本工资为21,147.30美元；

4. 海军军士长、陆军或海军陆战队的军士长或参谋长联席会议（JCS）的高级士兵顾问首席军士长，月基本工资是7,997.10美元；在作战地区少尉以上军官除享受基本工资外，还享受免税的紧急状态/火线执勤津贴225美元/月；

5. 列兵（E-1[5]）级工资适用于4个月以上的现役列兵，不到4个月现役的列兵的月基本工资是1,449.00美元；

6. 军校学员、海军院校学员和后备军官训练队人员月基本工资是1,040.70美元。

资料来源：http://www.dtic.mil/comptroller/fmr/07a/index.html.

根据2016年1月1日起执行的美军基本工资标准表可以看出：新兵入伍的月基本工资为1,566.90美元。一等兵的月基本工资为1,756.50美元，如其军衔不能晋升，工资也保持不变。下士服役的前2年月基本工资为1,847.10美元，第3年月基本工资为1,963.20美元，第4年月基本工资增加到2,082.00美元，之后不能再增加。中士服役的前2年月基本工资为2,046.00美元，之后逐年增加，第5年月基本工资达到2,483.40美元的最高标准后不再增加。上士服役的前2年月基本工资为2,231.40美元，之后逐年增加，第12年后月基本工资增加至3,166.20美元最高标准后不再增加。三级士官、二级士官、一级士官、指挥士官的基本工资依上述方式设计，分别在服役满18年、26年、30年、38年其月基本工资达到最高，分别为3,772.50美元/月、5,061.30美元/月、5,777.70美元/月和7,683.30美元/月。

美国中初级军官工资标准同样受到军衔的严格限制。少尉服役的前2年月基本工资为2,972.40美元，第3年月基本工资为3,093.90美元，第4年即达到这一军衔的最高月基本工资3,740.10美元，此后不再增加。中尉、上尉、少校、中校和上校的基本工资也依此方式设置，在服役的前2年月基本工资分别为3,424.50美元、3,963.60美元、4,507.80美元、5,224.50美元和6,267.00美元，分别在服役至7年、15年、19年、23年、31年时其月基本工资达到该军衔的最高水平，分别为4,739.40美元/月、6,448.20美元/月、7,526.70美元/月、8,876.40美元/月和11,094.90美元/月。将级以下军官的月基本工资不得超过12,516.60美元。相比之下，美国将军们的工资要高出许多。当担任参谋长联席会议主席或副主席、海军作战部长、海军陆战队司令、陆军或空军参谋长、统一的或指定的战斗司令部司令时其月基本工资为21,147.30美元/月，但担任其他职务的将官月基本工资不得超过15,125.10美元。

（二）补贴标准

1. 生活补贴标准。目前，美军生活补贴按军官和士兵分为两种。2016年美军的生活补贴的标准为：军官每月253.63美元，准尉、士官和士兵每月

368.29 美元。同时，为补助困难军人家庭的生活，美军设置了家庭生活补贴项目，现行适用的为 2010 年 10 月 1 日生效的标准，即所有工资等级军人每月最高不超过 1,100 美元。具体见表 1-3。

表 1-3　　　　生活补贴标准表

单位：美元 / 月

生活基本补贴（2016 年 1 月 1 日生效）	家庭生活补贴（2010 年 10 月 1 日生效）
军官：253.63 美元	所有工资等级不超过 1,100.00 美元
准尉、士官和士兵：368.29 美元	

资料来源：http：//www.dtic.mil/comptroller/fmr/07a/index.html.

2. 服装补贴标准。美军按照军种和性别对服装补贴标准进行了具体区分，其中服装置换现金补贴标准又考虑军人执行任务的不同而区分为基础、标准、特殊三类标准。2015 年 10 月 1 日生效的军人初始服装补贴标准和军人服装置换现金补贴标准具体见表 1-4、表 1-5。

表 1-4　　　　军人初始服装补贴标准表（2015 年 10 月 1 日生效）

单位：美元 / 人次

陆军		海军		空军		海军陆战队	
男	女	男	女	男	女	男	女
1,643.45	1,888.07	1,797.42	1,982.74	1,389.18	1,597.93	2,007.82	1,925.65

资料来源：http://www.dtic.mil/comptroller/fmr/07a/index.html.

表 1-5　　　　军人服装置换现金补贴标准表（2015 年 10 月 1 日生效）

单位：美元 / 年

类别＼军种	陆军		海军		空军		海军陆战队	
	男	女	男	女	男	女	男	女
基础	327.60	349.20	320.40	327.60	248.40	252.00	403.20	392.40
标准	468.00	496.80	457.20	468.00	352.80	360.00	601.20	576.00
特殊	0	0	648.00	669.60	0	0	0	0

资料来源：http://www.dtic.mil/comptroller/fmr/07a/index.html.

3. 住房补贴标准。如果军人没有居住军队提供的住房，可按照是否带家属享受带家属基本住房补贴（BAH with dependents）或不带家属基本住房补贴（BAH without dependents）。如果军人居住军队提供的住房，但未达到标准的，可享受部分基本住房补贴（Partial BAH）或特殊基本住房补贴（Differential BAH）。2016 年美军带家属基本住房补贴、不带家属基本住房补贴、部分基本住房补贴和特殊基本住房补贴的具体标准如表 1-6 所示。

表 1-6　　美军住房补贴标准表（2016 年 1 月 1 日生效）

单位：美元 / 月

军衔	不带家属基本住房补贴	带家属基本住房补贴	部分基本住房补贴	特殊基本住房补贴
上将（O-10）	1,616.70	1,988.70	50.70	333.60
中将（O-9）	1,616.70	1,988.70	50.70	333.60
少将（O-8）	1,616.70	1,988.70	50.70	333.60
准将（O-7）	1,616.70	1,988.70	50.70	333.60
上校（O-6）	1,482.30	1,790.10	39.60	283.50
中校（O-5）	1,427.40	1,725.90	33.00	274.20
少校（O-4）	1,322.40	1,521.00	26.70	182.40
上尉（O-3）	1,060.50	1,258.50	22.20	182.10
中尉（O-2）	840.30	1,074.00	17.70	214.80
少尉（O-1）	721.20	961.20	13.20	232.20
上尉（O-3[3]）	1,144.50	1,353.00	22.20	190.80
中尉（O-2[3]）	973.50	1,220.70	17.70	228.30
少尉（O-1[3]）	846.60	1,128.30	13.20	267.60
特级准尉（W-5）	1,344.00	1,469.10	25.20	114.00
一级准尉（W-4）	1,193.10	1,346.70	25.20	140.40
二级准尉（W-3）	1,003.50	1,234.50	20.70	211.80
三级准尉（W-2）	890.40	1,134.00	15.90	223.80
四级准尉（W-1）	746.70	981.90	13.80	216.60
指挥士官（E-9）	979.80	1,292.10	18.60	285.90
一级士官（E-8）	900.30	1,191.90	15.30	267.90
二级士官（E-7）	829.80	1,106.10	12.00	310.20
三级士官（E-6）	766.80	1,021.80	9.90	300.00
上士（E-5）	689.70	919.50	8.70	255.30

续表

军衔	不带家属基本住房补贴	带家属基本住房补贴	部分基本住房补贴	特殊基本住房补贴
中士（E-4）	600.00	799.20	8.10	220.50
下士（E-3）	557.70	743.10	7.80	180.90
一等兵（E-2）	531.60	708.30	7.20	241.50
列兵（E-1）	531.60	708.30	6.90	285.90

资料来源：http://www.dtic.mil/comptroller/fmr/07a/index.html.

由于房价是不断变动的，因而美国国防部每年根据市场相关因素调整，具体考虑住房租金、设施、电费、供暖费、水费和保险等涨幅，在基本住房补贴的基础上对全军将近400个驻地的住房补贴进行调整。在大多数情况下，军人享受的住房补贴是根据被指派驻地域而不是生活的地域来计算。

4. 个人现金补贴标准。个人现金补贴面向军队高级将领或官员而设置，目的是体现军队高层管理者的指挥管理要素付出，凸显他们的战略管理职责。2015年10月1日生效的个人现金补贴标准具体见表1-7。

表1-7　　个人现金补贴标准表（2015年10月1日生效）

单位：美元/月

享受范围	标准
担任参谋长联席会议主席或副主席、海军作战部长、海军陆战队司令、陆军或空军参谋长、国民警卫队司令或指定的战斗司令部司令	333.33
联合国军事参谋委员会高级官员	225.00
上将/海军上将	183.33
中将/海军副司令	41.67
军事服务部门和国民警卫队的现役高级将领	166.67

资料来源：http://www.dtic.mil/comptroller/fmr/07a/index.html.

5. 家庭分离补贴标准。美军针对在家庭居住地以外的地区执行任务超过一个月军人，每月均可享受250美元的家庭分离补贴。

（三）特殊津贴与奖金标准

1. 航空职业鼓励津贴标准。航空职业鼓励津贴标准最低为每月125美元，最高为每月 840 美元。一般飞行时间到 12 ～ 18 年后，可保证飞行员领取航空职业鼓励津贴直到退休。飞行时间达 6 年（一般服役超过 14 年）后可领取最高航空职业鼓励津贴 840 美元 / 月。服役 22 年（不是飞行时间）后，航空职业鼓励津贴降到 585 美元 / 月；服役 25 年航空职业鼓励津贴降到 250 美元 / 月。具体标准见表 1-8。此外，准将的航空职业鼓励津贴为 200 美元 / 月；少将(含)以上的军官最高航空职业鼓励津贴为 206 美元 / 月。军官在 12 年服役时间内必须有 8 年的作战飞行才能连续享受该津贴到服役第 18 年。

表 1-8　航空职业鼓励津贴标准表

单位：美元 / 月

航空服役年限	2 年以内	2 年以上	3 年以上	4 年以上	6 年以上	14 年以上	22 年以上	23 年以上	24 年以上	25 年以上
标准	125.00	156.00	188.00	206.00	650.00	840.00	585.00	495.00	385.00	250.00

资料来源：http://www.dtic.mil/comptroller/fmr/07a/index.html.

2. 职业飞行员奖励津贴标准。职业飞行员奖励津贴根据战斗机飞行员的航空服役年限而设置，具体标准见表 1-9。

表 1-9　职业飞行员奖励津贴标准表

单位：美元 / 月

航空服役年限	4 年以内	4 年以上	8 年以上	14 年以上
标准	150.00	225.00	350.00	400.00

资料来源：http://www.dtic.mil/comptroller/fmr/07a/index.html.

3. 危险任务津贴标准。执行飞行任务的非机务人员、实施炸弹爆破与排除有毒有害化学物质任务的人员、在航空母舰飞行甲板执勤人员等，不论军衔均可每月享受 150 美元的危险任务津贴，执行跳伞任务的军人每月可获得 225 美元的津贴。执行飞行任务的机组人员的特殊津贴由每月 150 美元到 240 美元不等，具体标准见表 1-10。

同时，在阿富汗、伊拉克、叙利亚等危险国家或地区执行任务的军人也可享有该项津贴，最多不超过 300 美元 / 月。

表 1-10　　机组人员危险任务津贴标准表

单位：美元/月

军衔	标准	军衔	标准	军衔	标准
上将（O-10）	150.00	中尉（O-2）	150.00	一级士官（E-8）	240.00
中将（O-9）	150.00	少尉（O-1）	150.00	二级士官（E-7）	240.00
少将（O-8）	150.00	特级准尉（W-5）	250.00	三级士官（E-6）	215.00
准将（O-7）	150.00	一级准尉（W-4）	250.00	上士（E-5）	190.00
上校（O-6）	250.00	二级准尉（W-3）	175.00	中士（E-4）	165.00
中校（O-5）	250.00	三级准尉（W-2）	150.00	下士（E-3）	150.00
少校（O-4）	225.00	四级准尉（W-1）	150.00	一等兵（E-2）	150.00
上尉（O-3）	175.00	指挥士官（E-9[4]）	240.00	列兵（E-1）	150.00

资料来源：http://www.dtic.mil/comptroller/fmr/07a/index.html.

4. 紧急状态/火线值勤津贴标准。当军人处在官方宣布为紧急状态区时可领取该津贴，在国外无意受到敌对火力攻击的军人也可享受该津贴。在2001年后，美军对这项津贴进行了改革，规定在阿富汗、伊拉克等危险国家或地区执行任务的军人，不论军衔都可享有该津贴，即使时间只有一天或不到一天，津贴标准统一为225美元/月。

5. 潜水津贴标准。根据潜水的难度和危险性，潜水津贴分为8级。津贴标准相对固定，军官每月不超过240美元，士兵不超过340美元。

6. 潜艇服役奖励津贴标准。潜艇服役奖励津贴标准依据军人军衔和在潜艇上累积工作的年限来确定，具体见表1-11。

表 1-11　　潜艇服役奖励津贴标准表（2011年10月1日生效）

单位：美元/月

军衔	潜艇服役累积年限									
	不足2年	2年以上	3年以上	4年以上	6年以上	8年以上	10年以上	14年以上	16年以上	18年以上
上将（O-10）	355.00	355.00	355.00	355.00	355.00	355.00	355.00	355.00	355.00	355.00
中将（O-9）	355.00	355.00	355.00	355.00	355.00	355.00	355.00	355.00	355.00	355.00
少将（O-8）	355.00	355.00	355.00	355.00	355.00	355.00	355.00	355.00	355.00	355.00
准将（O-7）	355.00	355.00	355.00	355.00	355.00	355.00	355.00	355.00	355.00	355.00

续表

军衔	潜艇服役累积年限									
	不足2年	2年以上	3年以上	4年以上	6年以上	8年以上	10年以上	14年以上	16年以上	18年以上
上校（O-6）	595.00	595.00	595.00	595.00	595.00	595.00	595.00	595.00	595.00	835.00
中校（O-5）	595.00	595.00	595.00	595.00	595.00	595.00	595.00	790.00	835.00	835.00
少校（O-4）	365.00	365.00	365.00	525.00	595.00	705.00	705.00	790.00	790.00	790.00
上尉（O-3）	355.00	355.00	355.00	510.00	595.00	705.00	705.00	705.00	705.00	705.00
中尉（O-2）	305.00	305.00	305.00	305.00	305.00	305.00	425.00	425.00	425.00	425.00
少尉（O-1）	230.00	230.00	230.00	230.00	230.00	230.00	425.00	425.00	425.00	425.00
特级准尉（W-5）	285.00	375.00	375.00	425.00	425.00	425.00	425.00	425.00	425.00	425.00
一级准尉（W-4）	285.00	375.00	375.00	425.00	425.00	425.00	425.00	425.00	425.00	425.00
二级准尉（W-3）	285.00	375.00	375.00	425.00	425.00	425.00	425.00	425.00	425.00	425.00
三级准尉（W-2）	285.00	375.00	375.00	425.00	425.00	425.00	425.00	425.00	425.00	425.00
四级准尉（W-1）	285.00	375.00	375.00	425.00	425.00	425.00	425.00	425.00	425.00	425.00
指挥士官（E-9）	425.00	425.00	425.00	425.00	425.00	425.00	425.00	425.00	425.00	600.00
一级士官（E-8）	415.00	415.00	415.00	415.00	415.00	415.00	415.00	415.00	415.00	550.00
二级士官（E-7）	405.00	405.00	405.00	405.00	405.00	405.00	405.00	405.00	405.00	405.00
三级士官（E-6）	155.00	170.00	175.00	300.00	325.00	375.00	375.00	375.00	375.00	375.00
上士（E-5）	140.00	155.00	155.00	250.00	275.00	275.00	275.00	275.00	275.00	275.00
中士（E-4）	80.00	95.00	100.00	245.00	245.00	245.00	245.00	245.00	245.00	245.00
下士（E-3）	80.00	90.00	95.00	95.00	90.00	90.00	90.00	90.00	90.00	90.00
一等兵（E-2）	75.00	90.00	90.00	90.00	90.00	90.00	90.00	90.00	90.00	90.00
列兵（E-1）	75.00	75.00	75.00	75.00	75.00	75.00	75.00	75.00	75.00	75.00

资料来源：http://www.dtic.mil/comptroller/fmr/07a/index.html.

7. 航海职业津贴标准。航海职业津贴分为海军与海军陆战队、空军、陆军三个系列，津贴标准依据军衔和在海上服役累积工作的时间来设计，现行适用的分别是 2014 年 10 月 1 日、1988 年 5 月 1 日和 2002 年 10 月 1 日生效的标准，具体见表 1-12、表 1-13、表 1-14。

表 1-12　　海军与海军陆战队——航海职业津贴标准表（2014 年 10 月 1 日生效）

单位：美元 / 月

军衔	海上服役累计年限																	
	1 年以内	1 年以上	2 年以上	3 年以上	4 年以上	5 年以上	6 年以上	7 年以上	8 年以上	9 年以上	10 年以上	11 年以上	12 年以上	13 年以上	14 年以上	16 年以上	18 年以上	20 年以上
上校（O-6）	100	100	100	394	400	400	419	450	463	494	506	525	544	544	569	594	625	669
中校（O-5）	100	100	100	394	394	394	394	400	431	438	456	463	463	463	500	525	550	594
少校（O-4）	100	100	100	325	331	350	356	375	388	388	394	394	419	419	475	494	506	525
上尉（O-3）	100	100	100	263	281	325	331	344	356	375	394	394	419	419	456	475	494	506
中尉（O-2）	100	100	100	263	281	325	331	344	356	375	394	394	419	419	456	475	494	506
少尉（O-1）	100	100	100	263	281	325	331	344	356	375	394	394	419	419	456	475	494	506
特级准尉（W-5）	210	210	210	263	300	506	544	544	544	544	613	656	700	700	750	750	750	750
一级准尉（W-4）	210	210	210	263	300	506	544	544	544	544	613	656	700	700	750	750	750	750
二级准尉（W-3）	210	210	210	263	300	475	494	500	506	544	613	656	700	700	744	744	750	750
三级准尉（W-2）	210	210	210	263	300	456	463	462	475	544	594	594	656	656	700	700	700	700
四级准尉（W-1）	180	190	195	263	300	306	350	438	475	525	569	569	594	594	631	656	656	656
指挥士官（E-9）	135	135	160	381	400	438	438	469	688	700	700	713	725	750	750	750	750	750
一级士官（E-8）	135	135	160	381	400	438	438	469	688	700	700	713	725	750	750	750	750	750
二级士官（E-7）	135	135	160	381	400	438	438	469	688	700	700	713	725	750	750	750	750	750
三级士官（E-6）	135	135	160	350	375	394	406	438	638	656	656	656	675	694	713	731	750	750
上士（E-5）	70	80	130	350	375	394	406	438	638	638	638	638	638	638	638	638	638	638

续表

军衔	海上服役累计年限																	
	1年以内	1年以上	2年以上	3年以上	4年以上	5年以上	6年以上	7年以上	8年以上	9年以上	10年以上	11年以上	12年以上	13年以上	14年以上	16年以上	18年以上	20年以上
中士（E-4）	70	80	130	350	363	363	363	363	488	488	488	488	488	488	488	488	488	488
下士（E-3）	50	60	100	125	125	125	125	125	125	125	125	125	125	125	125	125	125	125
一等兵（E-2）	50	60	75	94	94	94	94	94	94	94	94	94	94	94	94	94	94	94
列兵（E-1）	50	50	50	63	63	63	63	63	63	63	63	63	63	63	63	63	63	63

说明：航海职业保险费为200美元/月。在海上服役累积超8年的上士（E-5）至指挥士官（E-9）不支付航海职业保险费，其航海职业保险包含在其航海职业津贴中。

资料来源：http://www.dtic.mil/comptroller/fmr/07a/index.html.

表 1-13　空军——航海职业津贴标准表（1988年5月1日生效）

单位：美元/月

军衔	海上服役累计年限																	
	1年以内	1年以上	2年以上	3年以上	4年以上	5年以上	6年以上	7年以上	8年以上	9年以上	10年以上	11年以上	12年以上	13年以上	14年以上	16年以上	18年以上	20年以上
上校（O-6）	—	—	—	225	230	230	240	255	265	280	290	300	310	310	325	340	355	380
中校（O-5）	—	—	—	225	225	225	225	230	245	250	260	265	265	265	285	300	315	340
少校（O-4）	—	—	—	185	190	200	205	215	220	220	225	225	240	240	270	280	290	300
上尉（O-3）	—	—	—	150	160	185	190	195	205	215	225	225	240	240	260	270	280	290
中尉（O-2）	—	—	—	150	160	185	190	195	205	215	225	225	240	240	250	260	270	280

续表

军衔	海上服役累计年限																
	1年以内	1年以上	2年以上	3年以上	4年以上	5年以上	6年以上	7年以上	8年以上	9年以上	10年以上	11年以上	12年以上	13年以上	14年以上	16年以上	18年以上	20年以上
少尉（O-1）	—	—	—	150	160	185	190	195	205	215	225	225	240	240	250	260	270	280
指挥士官（E-9）	100	100	120	175	190	350	350	375	390	400	400	410	420	450	475	520	520	520
一级士官（E-8）	100	100	120	175	190	350	350	375	390	400	400	410	420	450	475	500	520	520
二级士官（E-7）	100	100	120	175	190	350	350	375	390	400	400	410	420	450	475	500	500	500
三级士官（E-6）	100	100	120	150	170	315	325	350	350	365	365	365	380	395	410	425	450	450
上士（E-5）	50	60	120	150	170	315	325	350	350	350	350	350	350	350	350	350	350	350
中士（E-4）	50	60	120	150	160	160	160	160	160	160	160	160	160	160	160	160	160	160

资料来源：http://www.dtic.mil/comptroller/fmr/07a/index.html.

表 1-14　　陆军——航海职业津贴标准表（2002 年 10 月 1 日生效）

单位：美元 / 月

军衔	海上服役累计年限																
	1年以内	1年以上	2年以上	3年以上	4年以上	5年以上	6年以上	7年以上	8年以上	9年以上	10年以上	11年以上	12年以上	13年以上	14年以上	16年以上	18年以上	20年以上
上校（O-6）	—	—	—	225	230	230	240	255	265	280	290	300	310	310	325	340	355	380
中校（O-5）	—	—	—	225	225	225	225	230	245	250	260	265	265	265	285	300	315	340
少校（O-4）	—	—	—	185	190	200	205	215	220	220	225	225	240	240	270	280	290	300
上尉（O-3）	—	—	—	150	160	185	190	195	205	215	225	225	240	240	260	270	280	290

续表

军衔	海上服役累计年限																	
	1年以内	1年以上	2年以上	3年以上	4年以上	5年以上	6年以上	7年以上	8年以上	9年以上	10年以上	11年以上	12年以上	13年以上	14年以上	16年以上	18年以上	20年以上
中尉（O-2）	—	—	—	150	160	185	190	195	205	215	225	225	240	240	250	260	270	280
少尉（O-1）	—	—	—	150	160	185	190	195	205	215	225	225	240	240	250	260	270	280
特级准尉（W-5）	210	210	210	310	338	506	534	534	534	534	590	625	660	660	730	730	730	730
一级准尉（W-4）	210	210	210	310	338	506	534	534	534	534	590	625	660	660	730	730	730	730
二级准尉（W-3）	210	210	210	310	338	478	492	499	506	534	590	625	660	660	695	695	695	695
三级准尉（W-2）	210	210	210	310	338	464	471	471	478	534	576	576	625	625	625	625	625	625
四级准尉（W-1）	182	189	196	310	338	345	380	450	478	520	555	555	555	555	555	555	555	555
指挥士官（E-9）	130	130	156	328	347	425	425	458	477	490	490	503	516	555	588	620	646	646
一级士官（E-8）	130	130	156	328	347	425	425	458	477	490	490	503	516	555	588	620	646	646
二级士官（E-7）	130	130	156	328	347	425	425	458	477	490	490	503	516	555	588	620	620	620
三级士官（E-6）	130	130	156	295	321	380	393	425	425	445	445	445	464	484	503	523	555	555
上士（E-5）	65	78	156	295	321	380	393	425	425	425	425	425	425	425	425	425	425	425
中士（E-4）	65	78	156	295	308	308	308	308	308	308	308	308	308	308	308	308	308	308
下士（E-3）	50	60	120	150	160	170	190	190	190	190	190	190	190	190	190	190	190	190
一等兵（E-2）	50	60	120	150	160	170	170	170	170	170	170	170	170	170	170	170	170	170
列兵（E-1）	50	60	120	150	160	160	160	160	160	160	160	160	160	160	160	160	160	160

资料来源：http://www.dtic.mil/comptroller/fmr/07a/index.htm.

8. 医务人员特殊津贴标准。美国地方医务人员报酬相当高，美国国防部感到征召医务人员非常困难，为缩小军地工资差别，制定了多种医务人员特殊津贴。

（1）医疗人员特殊津贴标准。医疗人员特殊津贴面向在军队服役的医疗人员而设置，津贴标准考虑医务人员的资质、军衔、服役年限等因素而设置，具体见表 1-15。

表 1-15　医疗人员特殊津贴标准表

单位：美元 / 月

资质 / 军衔	不足 3 年	3 ～ 6 年	6 ～ 8 年	8 ～ 10 年	10 ～ 12 年	12 ～ 14 年	14 ～ 18 年	18 ～ 22 年	22 年以上
实习医生	100.00	—	—	—	—	—	—	—	—
上校（含）以下	—	416.66	1,000.00	958.33	916.66	833.33	750.00	666.66	583.33
上校以上	583.33	—	—	—	—	—	—	—	—

资料来源：http://www.dtic.mil/comptroller/fmr/07a/index.html.

（2）医务人员的委员会认证特殊津贴标准。军队服役的医务人员通过专门委员会的考核，即可享受该津贴，其标准根据军人服役年限来设计，具体见表 1-16。

表 1-16　医务人员的委员会认证特殊津贴标准表

单位：美元 / 月

服役年限	不足 10 年	10 ～ 12 年	12 ～ 14 年	14 ～ 18 年	18 年以上
所有级别军医	208.33	291.33	333.33	416.66	500.00

资料来源：http://www.dtic.mil/comptroller/fmr/07a/index.html.

（3）医务人员特殊激励津贴标准。考虑到医学的军地通用性，为保留和激励军队医务人员，一些医学专业的军队医务人员可享受该津贴，具体标准见表 1-17。

（4）牙医特殊津贴标准。美国地方牙医的收入相当高，为保留和激励军队牙医，设置了该津贴。津贴标准考虑牙医的资质、军衔、服役年限等因素而设置，具体见表 1-18。

（5）牙医额外特殊津贴标准。签订服役合同一年或一年以上的合格牙医军官可享受该津贴，具体标准见表 1-19。

表 1-17　　医务人员特殊激励津贴标准表

单位：美元 / 年

专业	津贴数额	专业	津贴数额
航空航天医学	20,000.00	耳鼻咽喉科	30,000.00
麻醉学	36,000.00	病理学	20,000.00
心脏病学	36,000.00	儿科	20,000.00
皮肤病学	20,000.00	预防与理疗	20,000.00
急救医学	26,000.00	精神科	20,000.00
家庭护理学	20,000.00	肺 / 肠危重病护理	23,000.00
肠胃病学	26,000.00	放射科	36,000.00
普通外科	29,000.00	Ⅰ类专科医学	36,000.00
内科	20,000.00	Ⅱ类专科医学	28,000.00
神经内科	20,000.00	Ⅲ类专科医学	23,000.00
神经外科	36,000.00	Ⅳ类专科医学	20,000.00
产科 / 妇科	31,000.00	Ⅴ类专科医学	36,000.00
眼科	28,000.00	泌尿科	28,000.00
骨科	36,000.00	—	—

资料来源：http://www.dtic.mil/comptroller/fmr/07a/index.html.

表 1-18　　牙医特殊津贴标准表

单位：美元 / 年

资质 / 军衔	不足 3 年	3 ～ 6 年	6 ～ 8 年	8 ～ 12 年	12 ～ 14 年	14 ～ 18 年	18 ～ 22 年
实习医生	250.00	—	—	—	—	—	—
上校（含）以下	—	583.33	583.33	1,000.00	833.33	750.00	666.66
上校以上	583.33	—	—	—	—	—	—

资料来源：http://www.dtic.mil/comptroller/fmr/07a/index.html.

表 1-19　　牙医额外特殊津贴标准表（2008 年 7 月 24 日生效）

单位：美元 / 年

支付等级	不足 3 年	3 ～ 10 年	10 年以上
所有军衔牙医	10,000.00	12,000.00	15,000.00

资料来源：http://www.dtic.mil/comptroller/fmr/07a/index.html.

（6）牙医多年留任奖金标准。签订延期服役合同2年～4年的合格牙医可享受该奖金，具体标准见表1-20。

表1-20　　牙医多年留任奖金标准表

单位：美元/年

等级	1级	2级	3级	4级
4年合同	50,000.00	40,000.00	35,000.00	25,000.00
3年合同	38,000.00	30,000.00	27,000.00	19,000.00
2年合同	25,000.00	20,000.00	18,000.00	13,000.00

资料来源：http://www.dtic.mil/comptroller/fmr/07a/index.html.

三、美军工资的结构状况

（一）基本工资和补贴、特殊津贴与奖金之间的关系

美军工资收入主要由基本工资、补贴、特殊津贴与奖金三部分构成，由于特殊津贴与奖金的项目繁多，且对享受对象都有明确的条件限制，因而为使基本工资和补贴、特殊津贴与奖金的数量关系测算简便直观，在此选取各军衔军人的平均基本工资与共享性补贴进行比较。如表1-21所示，美军的基本工资整体高于共享性补贴较高比例，军官、准尉和士官的基本工资占工资收入的60%以上。其中：军官的基本工资与共享性补贴比例在1∶0.13～1∶0.39之间，上将的基本工资与共享性补贴的比例最大，为1∶0.13；准尉和士官的基本工资与共享性补贴比例在1∶0.21～1∶0.34之间；士兵的基本工资与共享性补贴比例在1∶0.47～1∶0.61之间，列兵的基本工资与共享性补贴的比例最低，为1∶0.61。基本工资在军人工资收入中占较高比重，且呈军衔越高军人的基本工资主体地位越巩固的趋势。同时，上述分析只是建立在美国军人基本工资与共享性补贴的比较上，如果考虑中初级军官和准尉、士官、士兵还享受一些特殊津贴和奖金项目，他们的基本工资占工资收入的比重会有所下降。但由于特殊津贴和奖金往往与岗位、任务、技能等因素挂钩，享受的官兵范围有限，因而基本工资仍是军人工资收入的主要部分。

表 1-21　　　　2016 年美军基本工资与补贴关系表

单位：美元 / 月

类别 军衔	服役年限	基本工资	共享性补贴	基本工资与共享性补贴的比例关系
上将（O-10[1]）	30	17,925.30	2,242.33	1∶0.13
中将（O-9[1]）	27	15,062.40	2,242.33	1∶0.15
少将（O-8[1]）	24	13,647.30	2,242.33	1∶0.16
准将（O-7[1]）	21	12,043.80	2,242.33	1∶0.19
上校（O-6[2]）	18	9,392.70	2,043.73	1∶0.22
中校（O-5）	14	7,673.10	1,979.53	1∶0.26
少校（O-4）	10	6,745.80	1,775.63	1∶0.26
上尉（O-3）	7	5,540.70	1,512.13	1∶0.27
中尉（O-2）	4	4,643.70	1,327.63	1∶0.29
少尉（O-1）	2	3,093.90	1,214.83	1∶0.39
上尉（O-3[3]）	10	5,998.20	1,606.63	1∶0.27
中尉（O-2[3]）	8	4,890.30	1,474.33	1∶0.30
少尉（O-1[3]）	6	3,993.60	1,381.93	1∶0.35
特级准尉（W-5）	30	8,644.50	1,837.39	1∶0.21
一级准尉（W-4）	20	6,608.70	1,714.99	1∶0.26
二级准尉（W-3）	17	5,490.30	1,602.79	1∶0.29
三级准尉（W-2）	14	4,860.90	1,502.29	1∶0.31
四级准尉（W-1）	12	4,346.10	1,350.19	1∶0.31
指挥士官（E-9[4]）	20	5,804.70	1,660.39	1∶0.29
一级士官（E-8）	18	4,847.00	1,560.19	1∶0.32
二级士官（E-7）	16	4,297.50	1,474.39	1∶0.34
三级士官（E-6）	13	3,612.30	1,390.09	1∶0.31
上士（E-5）	7	2,797.80	1,307.79	1∶0.47
中士（E-4）	4	2,267.10	1,167.49	1∶0.51
下士（E-3）	2	1,963.20	1,111.39	1∶0.57
一等兵（E-2）	1	1,756.50	1,076.59	1∶0.61

说明：1. 基本工资数据选取各军衔人员的平均服役年限的基本工资标准；

2. 共享性补贴选取全体军人都享受的生活补贴、住房补贴两个项目，其中：住房补贴选取较高的标准，即选用军人带家属的基本住房补贴标准。由于服装补贴按年度发放，在此不将其纳入。

（二）最高与最低工资比例关系

最高与最低工资比例关系是指军人中最高衔级人员的工资水平与最低衔级人员的工资水平之间的比例。考虑到美军的特殊津贴和奖金项目的享受范围有明确条件要求，在此研究的工资只包括基本工资和共享性补贴[①]。结合美军实行的是志愿兵役制，在此选取上将工资和一等兵工资进行比较。从表 1-22 可以看出：美国军人最高与最低工资（基本工资 + 共享性补贴）比例为 7.77∶1，基本工资的最高与最低比例为 11.25∶1，共享性补贴的比例为 2.08∶1。这体现了美军基本工资设计注重效率，较高比例利于拉开军人间工资差距，能科学反映各军衔人员的职责轻重，也便于军衔工资级差设计；共享性补贴设计注重公平，军人间的共享性补贴差别很小，体现了美军对于共性需求积极向初级军官、准尉、士官和士兵倾斜。同时，注重协调好基本工资与共享性补贴的比例关系，将军人工资最高与最低比例设置为 8∶1 左右。美军这一工资设计理念具有较强科学性。

表 1-22　　2016 年美国军人最高与最低工资比例关系表

比较内容	最高与最低工资比例关系
基本工资	11.25∶1
共享性补贴	2.08∶1
工资（基本工资 + 共享性补贴）	7.77∶1

此外，结合美军人员类别，可对各类人员的最高与最低工资比例关系进行分析，如表 1-23 所示。

从表 1-23 可以看出，军官的最高与最低工资比例最大，达 5.26∶1；准尉和士官的最高与最低工资比例次之，分别为 2.67∶1 和 2.44∶1；士兵的最高与最低工资比例最小，仅为 1.58∶1。这种设计主要基于两点考虑：一是军

① 共享性补贴选取全体军人都享受的生活补贴、住房补贴两个项目，其中：住房补贴选取较高的标准，即选用军人带家属的基本住房补贴标准。服装补贴按年度发放，在此不将其纳入。

官的衔级（13 级）远多于准尉、士官和士兵的衔级，为便于设计工资衔差，理应拉大工资高低比；二是军官的战略职责较准尉、士官和士兵更大和明确，应从工资差距上合理反映各衔级军人的职责差异。

表 1-23　　2016 年美军各类人员最高与最低工资比例关系表

人员类别	最高与最低工资比例关系
军官	5.26∶1
准尉	2.67∶1
士官	2.44∶1
士兵	1.58∶1

四、美军工资的增长机制

美国作为军人职业化制度最完备的国家，为增强与地方职业在征募、保留人才上的比较优势，不仅对军人实行优厚的工资待遇，而且建立了较科学的军人工资增长机制，从而动态地保证军人工资处于合理水平。

（一）国家根据市场指标调资

美国的《美国军事法典》和《联邦雇员工资比较法》规定，军人和联邦政府雇员的工资标准每年要与私营企业中从事同类工作雇员的工资标准进行对比和审查，并同步增长，这明确了美军工资的增长以市场工资率为参照。根据这一规定，美国国会每年将军人基本工资标准同私营企业雇员的工资标准进行比较，采用劳工部的雇佣成本指数（Employment cost index，ECI）[①]来确定军人基本工资增幅，修定后形成军人工资的增长额，由国会通过法律的形式加以确定。由于军人工资增幅与雇佣成本指数相关联，可以真实地感知外部劳动力市场对军人工资水平的影响，进而均衡地确定和调节军人的工

① 雇佣成本指数跟踪记录了美国范围内所有工资上涨的成本，是超越通货膨胀率的雇主人工成本，也是雇员劳动报酬的真实反映，该指标对市场工资变动敏感度较高。

资水平。例如，《2000财年国防授权法》规定，从2001年1月1日至2006年，军人工资年增长率要比按雇佣成本指数衡量的私有部门全职工作人员年均工资增长率高0.5%；如果通过国会授权与拨款，军人工资年增长率也可超过这一自动水平[①]。2015年、2016年美军均调整了基本工资标准，但准将（O-7）以上的将军的基本工资标准不涨。在此选取准将军衔以下人员平均基本工资进行比较，如表1-24所示：2015年美军基本工资标准较2014年提高了1.0%，2016年美军基本工资标准较2015年提高了1.3%，2014年第四季度、2015年第四季度美国雇佣成本指数分别为0.7%和0.6%[②]，美军基本工资涨幅高于私营企业雇员的工资涨幅约0.5%。

表1-24　　2014～2016年美国调整军人基本工资情况表

单位：美元/月

类别 / 军衔	服役年限（年）	基本工资			2015年基本工资增长率	2016年基本工资增长率
		2014年度	2015年度	2016年度		
上校（O-6）	18	9,180.30	9,272.10	9,392.70	1.0%	1.3%
中校（O-5）	14	7,499.70	7,574.70	7,673.10	1.0%	1.3%
少校（O-4）	10	6,593.10	6,659.10	6,745.80	1.0%	1.3%
上尉（O-3）	7	5,415.30	5,469.60	5,540.70	1.0%	1.3%
中尉（O-2）	4	4,538.70	4,584.00	4,643.70	1.0%	1.3%
少尉（O-1）	2	3,024.00	3,054.30	3,093.90	1.0%	1.3%
上尉（O-33）	10	5,862.60	5,921.10	5,998.20	1.0%	1.3%
中尉（O-23）	8	4,779.90	4,827.60	4,890.30	1.0%	1.3%
少尉（O-13）	6	3,903.30	3,942.30	3,993.60	1.0%	1.3%
特级准尉（W-5）	30	8,448.90	8,533.50	8,644.50	1.0%	1.3%
一级准尉（W-4）	20	6,459.30	6,523.80	6,608.70	1.0%	1.3%
二级准尉（W-3）	17	5,366.10	5,419.80	5,490.30	1.0%	1.3%
三级准尉（W-2）	14	4,751.10	4,798.50	4,860.90	1.0%	1.3%
四级准尉（W-1）	12	4,247.70	4,290.30	4,346.10	1.0%	1.3%
指挥士官（E-94）	20	5,673.60	5,730.30	5,804.70	1.0%	1.3%

① 翟刚：《美国国防费管理概况》，国防工业出版社2007年版，第213页。

② 资料来源：美国劳工部劳工统计局（Bureau of Labor Statistics）。

续表

类别 / 军衔	服役年限（年）	基本工资			2015 年基本工资增长率	2016 年基本工资增长率
		2014 年度	2015 年度	2016 年度		
一级士官（E-8）	18	4,767.60	4,815.30	4,878.00	1.0%	1.3%
二级士官（E-7）	16	4,200.30	4,242.30	4,297.50	1.0%	1.3%
三级士官（E-6）	13	3,530.40	3,565.80	3,612.30	1.0%	1.3%
上士（E-5）	7	2,734.50	2,761.80	2,797.80	1.0%	1.3%
中士（E-4）	4	2,328.00	2,351.40	2,382.00	1.0%	1.3%
下士（E-3）	2	1,918.80	1,938.00	1,963.20	1.0%	1.3%
一等兵（E-2）	1	1,716.90	1,734.00	1,756.50	1.0%	1.3%

说明：美军 2014 年、2015 年基本工资标准见附表 1、附表 2，2016 年基本工资标准见表 1-2。

同时，美军基本工资、补贴、特殊津贴和奖金时常与通货彭胀率（以下简称通胀率）、食品成本指数等保持同步指数化。2008 年金融危机时，时任总统小布什曾提议为军人涨工资 3%，抵消物价上涨导致的实际收入缩水，被国会驳回，要求把上涨幅度提高到 3.4%。考虑到 2013 年 10 月到 2014 年 9 月之间的美国食品成本指数上涨，导致国内家庭平均食品消费支出增加的现状，2015 年美军生活补贴标准上涨了 2.9%。

（二）军人晋升军衔增资

美国军人的军衔晋升阶段采取了不同的人事考核制度。以军官为例，少尉到中尉的初级军官晋升采取“分散选拔制度”，由军官所在单位指挥官批准；上尉到少将的中级军官晋升采取“集中选拔制度”，由各军种临时组建的集中选拔委员会进行评定；中将以上高级军官晋升则采取“提名审批制度”，晋升人选须经国防部长推荐、总统提名和参议院审批三道环节，才能就任。可见，美国军人军衔晋升严格规范，随军衔提升的军人晋升的竞争难度也不断加大。

美军基本工资是依据军衔来设置的，且工资受到军衔的严格限制。如少尉服役到第 3 年军衔未晋升，基本工资就不再增加；中尉服役到第 6 年军衔未晋升，基本工资就达到最高标准。因此，军人军衔晋升对人员发展和经济利益具有双重激励作用。由于美军补贴项目平均化程度较高，特殊津贴和奖金项目往往与军人的岗位、任务、技能和服役年限相关，享受的人员范围有限，在此选用美军 2016 年基本工资标准来大体测算军官晋升军衔的增资情况，具体见表 1-25。

表 1-25　　2016 年美国军官晋升军衔基本工资增长情况表

单位：美元 / 月

军人晋升军衔情况	晋升军衔的基本工资增加额	晋升前基本工资数额	增长率
少尉（O-1）晋升中尉（O-2）	751.80	3,740.10	20.10%
中尉（O-2）晋升上尉（O-3）	801.30	4,739.40	16.91%
上尉（O-3）晋升少校（O-4）	495.00	5,818.80	8.51%
少校（O-4）晋升中校（O-5）	274.50	7,081.50	3.88%
中校（O-5）晋升上校（O-6）	709.20	7,449.30	9.52%
上校（O-6）晋升准将（O-7）	2,196.00	9,847.80	22.30%
准将（O-7）晋升少将（O-8）	1,541.70	12,105.60	12.74%
少将（O-8）晋升中将（O-9）	1,827.00	13,989.00	13.06%
中将（O-9）晋升上将（O-10）	2,214.30	16,606.80	13.33%
军官晋升军衔基本工资平均增长率			13.37%

说明：假定少尉在第 3 年晋升中尉，尉官阶段每 3 年一晋升，校官阶段每 4 年一晋升，将官阶段每 5 年一晋升；晋升后选择高一军衔相同服役年限的基本工资标准进行比较。

由表 1-25 可知，美军军官晋升军衔基本工资平均增长率为 13.37%，晋升军衔对军人工资增长的拉动效应明显。同时，随着军衔的晋升，基本工资增长率大体呈 U 形分布，少尉（O-1）晋升中尉（O-2）和上校（O-6）晋升准将（O-7）的增资效应最为明显，军衔晋升后基本工资分别增长了 20.10% 和 22.30%；少校（O-4）晋升中校（O-5）增资效应最低，基本工资仅增长了 3.88%。由此可见，美军十分重视对初级军官和中高级军官的激励，在工资设计上体现了这一导向。但同时，美军晋升军衔有种种明确的条件，如法定各军衔人员的晋升比例、严格的任职资格要求和严密的晋升考核制度等。因此，晋升军衔对美国军人而言是一条受限条件较多的发展路子，其发展难度随军衔晋升而递增。

（三）军人服役年限增加增资

美军基本工资标准是依据军衔和服役年限来设计的，军人在同一军衔条件下，服役前 4 年基本工资每年增加，从第 5 年开始基本工资每 2 年一增加；且许多特殊津贴和奖金的标准也根据服役年限区分为不同档次，随军人服役年限增加而增长。因此，军人服役年限增加是其工资增长的重要途径。同时，美军为激励军人勤奋进取，又对各军衔基本工资设置了达到最高标准的服役年限，其后即使服役年限继续增加其基本工资也不再增长。例如，少尉、中尉、上尉、少校、中校、上校、准将、少将、中将、上将达到基本工资最高标准的年限分别是 3 年、6 年、14 年、18 年、22 年、30 年、30 年、34 年、38 年、38 年。由于基本工资是军人工资收入的主体，在此对 2016 年美军基本工资年增长率进行测算，在达到各军衔基本工资最高标准服役年限之前，士兵、士官、准尉、尉官、校官、将官增加服役年限的基本工资年增长率分别为 5%、4%、4%、10%、5%、5%，且同一军衔的基本工资年增长率大体呈逐步降低趋势。同时，2016 年美国 CPI 仅为 1.6%，因而军人服役年限增资能有效体现军人的年功价值和补偿因物价上涨而增加的生活成本。由于美军要求军人只要能够正常履职便可以按照规定程序定期增加基本工资，因而军人服役年限增加增资的激励效能也较明显，也是军人较稳定的增资途径。

第二节　美国军地间的工资比较

美国实行的是志愿兵役制，政府为了使军人把从军服役作为一种职业选择，建立了高工资、高福利等优厚待遇的保障制度，力求帮助军人消除后顾之忧，并安心服役和最大限度地发挥军人的积极性与创造性。军人的工资系统定期调整工资标准，促使军人工资收入与劳动力市场报酬等经济指标密切联系，从而保障军人职业在劳动力市场上的竞争力。

一、美军工资参照对象的选择与确立

美国政府认为，要想有效地吸引和保留高素质人员，激励军人努力工作，军队必须提供比地方工作报酬有竞争力的工资待遇。因此，美军规定军官服役前 12 年的工资应比照拥有大学学历的地方人员；服役 12 年后，比照拥有大学以上学历从事管理工作或专业职位的地方人员；士兵比照高中毕业人员的工资。同时，国防部国防力量和管理部每 4 年组织对军人工资状况进行一次评估，形成军队工资收入评估报告（Quadrennial review of military compensation，QRMC）后，上报参议院、军事委员会及下属人力资源办公室审议。美军第九次军队工资收入评估报告指出：军队正常工资收入（Regular military compensation，RMC）的水平应该设置在具有相似教育水平和工作经验的地方人员收入的第 70 个百分点[①]，才能吸引和保留军队所需的高素质人员。军队正常工资收入比地方同类人员高，源于军人在责任、劳动强度和潜在的危险等方面的超额付出与职业风险应得的补偿。在第九次军队工资收入评估中发现，士兵的教育水平在近几年出现了快速的增长，而且尽管大多数士兵都是高中毕业后进入军队的，但他们在服役期间一般也接受过一些大学水平的教育，如在 2005 年有 72% 的士兵具有一年以上的大学教育。因此，美国国防部认为，要保留有经验的军队人员，他们的工资收入应该与受过大学教育的地方人员收入具有可比性，而不是与高中毕业生相比较。据美国国会预算办公室（Congressional budget office，CBO）估计，在 2006 年美军士兵的平均基本工资基本上达到了地方具有大学教育经历的人员收入的平均水平，如果再把津贴和税收优惠都考虑进去，那么士兵的正常报酬水平就超过了地方相应人员约 75 个百分点。因此，美国国防部提出的第 70 个百分点的水平已经成功实现。美军第十次军队工资收入评估报告的

① 第 70 个百分点并不是地方人员收入的 70%，而是将地方人员的平均收入水平确定为第 50 个百分点，第 70 个百分点即高出地方人员平均收入的 20%。

主题是“军事人员和地方人员薪酬比较”，通过分析认为：将军人特有福利计算在内的话，军队正常工资收入（Regular military compensation，RMC）的水平处于具有相似教育水平和工作经验的地方人员收入的第 80 个百分点，相当于高出地方同类人员平均收入的 30%。

为保持军人这一职业在劳动力市场具有较大吸引力，美军按照高于地方平均工资水平的原则来制定军人工资标准。依据《1970 年和 1977 年联邦政府工资对比法案》的有关规定，美军工资标准参照国家公务员工资标准和私营企业中从事相同工作人员的工资标准，与他们的工资标准取齐[①]。2000 年《国防拨款授权法案》规定，从 2000 年起军人工资的年增长率要参照雇佣成本指数（Employment cost idex，ECI）进行调整，该指数跟踪记录了全国范围内所有工资上涨的成本。每年美军基本工资上涨与 ECI 增长的累积差别通常被称为“收入差”（Pay gap），这个差别的大小成为许多讨论军队待遇是否适当问题的焦点。这个差别的计算一般是这样的：以某一年为基期，在这一年军队和地方的收入被看作是相等的，指数都为 100，如美国很多人认为在 1982 年军地收入是相等的，那么如果以这一年为基期，这一年军地收入指数都定为 100，那么，到 1983 年，军队基本工资上涨了 4%，而地方私人部门平均收入上涨了 8.1%，因此，军队收入指数在 1983 年就为 104，而地方收入指数为 108.1。1984 年，军队基本工资又上涨了 4%，而 ECI 上涨了约 5.6%，因此，累积收入指数军队和地方分别为 108.16（104 × 1.04）和 114.15（108.1 × 1.056），其收入差就差不多达到 6%。据美国国会预算办公室（CBO）统计，从 20 世纪 80 年代来看，美军常规军事报酬（RMC）[②]、基本工资增长是大大落后于 ECI 的增长，而且收入差不断扩大；进入 90 年代后，常规军事报酬（RMC）与 ECI 增长速度的累积差有所缩小，但基本工资与 ECI 增长速度的累积差仍持续扩大；直到 1999 年开始，常规军事报酬（RMC）、基本工资与 ECI 增长速度的累积差才逐渐缩小；到 2002 年常

① 刘开印、陈炳福:《美军军官的工资政策及对我军的启示》,《后勤学术》2005 年第 11 期。

② 常规军事报酬：Regular military compensation，简称 RMC，主要包括：基本工资、生活补贴、基本住房补贴、联邦税收优惠和其他补贴。

规军事报酬（RMC）与 ECI 增长速度的累积差为零，基本工资与 ECI 增长速度的累积差为 -7% 左右；到 2005 年常规军事报酬（RMC）与 ECI 增长速度的累积差为 7% 左右，基本工资与 ECI 增长速度的累积差为 -5% 左右，具体如图 1-1 所示。

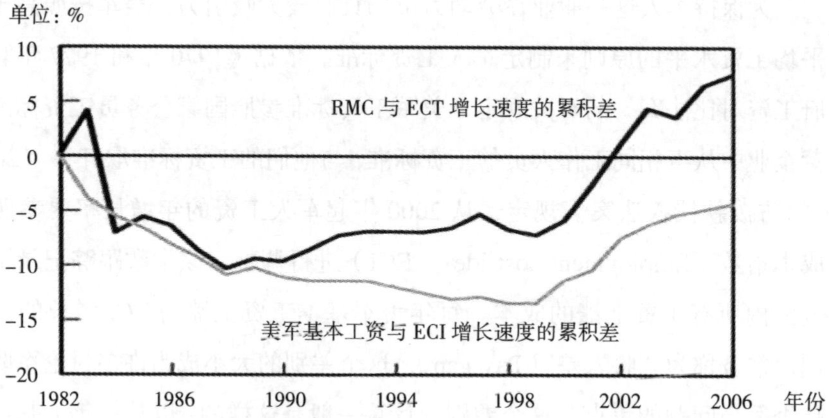

图 1-1 美军 RMC、基本工资与 ECI 增长速度的比较图

在 2008 年 10 月 14 日，美国国防拨款法案经总统布什签署后成为法律，其中明确 2009 年将在现有军人工资标准的基础上对军人加薪 3.9%，这一增长幅度正是参照了美国劳工部 2007 年第四季度公布的雇佣成本指数（ECI 为 3.4%）后，上浮 0.5% 后而确定的[①]。2015 年、2016 年美军基本工资标准分别较上年提高了 1.0%、1.3%，而 2014 年第四季度、2015 年第四季度美国雇佣成本指数分别上涨 0.7% 和 0.6%[②]，工资上调幅度均高于雇佣成本指数上涨值。

二、军地平均工资收入比较

美军第九次军队工资收入评估报告专门对军地工资收入进行了比较，发

① 资料来源：http：//www.navycs.com/09militarypaychart.html#officer-pay-charts.

② 资料来源：美国劳工部网站，http：//www.bls.gov.

现在 2006 年美军士兵的平均年收入要比地方同类人员高出 5,400 美元左右，如果按级别和服役年限，其实际差别最高达到 9,100 美元；军官的平均年收入比地方同类人员（大学毕业生）收入高约 6,000 美元，实际收入差别在 1,000 美元到 14,500 美元之间，士兵、军官与地方同类人员的工资收入比较具体见图 1-2、图 1-3。美国海军分析中心（CNA）2006 年调查也发现，士兵当年工资收入比地方同类人员高约 4,700 美元，军官当年工资收入比地方同类人员高约 11,500 美元。

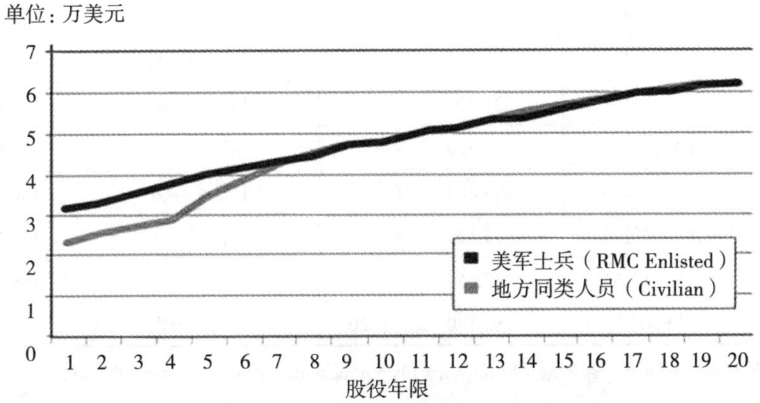

图 1-2　2006 年美军士兵与地方同类人员工资收入比较

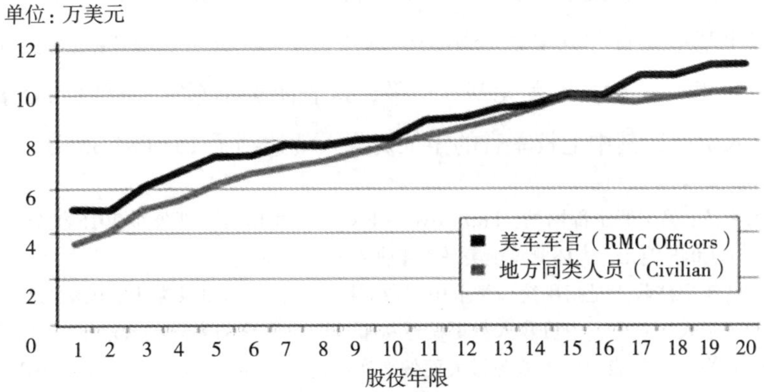

图 1-3　2006 年美军军官与地方同类人员工资收入比较

近年来，美军基本每年调整工资标准，持续保持军人职业在劳动力市场上的竞争优势。美国劳工部公布2015年全美平均年收入为54,658美元[①]，年中位收入[②]排名前二十位职业情况如表1–26所示。

表1–26　2015年美国年中位收入排名前二十位的职业

单位：美元

排行	职业	年中位收入	排行	职业	中位年收入
1	麻醉科医生	258,100	11	牙医	177,130
2	外科医生	247,520	12	麻醉技师	160,250
3	口腔科医生	233,900	13	石油工程师	149,590
4	妇科医生	222,400	14	建筑与工程项目经理	141,650
5	整形医生	221,390	15	计算机和信息系统经理	141,000
6	内科医生	196,520	16	营销经理	140,660
7	精神科医生	193,680	17	自然科学家	136,570
8	营养保健师	192,120	18	飞机驾驶员	136,400
9	首席执行官	185,850	19	律师	136,260
10	儿科医生	183,180	20	财务经理	134,330

资料来源：美国劳工部网站（http://www.bls.gov/oes/current/oes_nat.htm#00-000）。

同期，2015年美军军官平均年工资收入[③]情况如表1–27所示。仅测算军官的年基本工资和共享性补贴，少尉年工资收入达到50,848.56美元，与全美平均年收入54,658美元基本持平，这表明美军军官工资收入处于社会中上收入阶层，其中上校军官的年工资收入就达到了135,081.36美元，高于

① 资料来源：美国劳工部网站，http：//www.bls.gov。美国劳工部公布2015年全美平均周工资为1,048美元，大体测算全美平均年收入为54,658美元。

② 职业的年中位收入是指用统计学上中位数的概念来衡量从事某类职业民众的收入水平，相比较于人均收入，中位收入数更贴近从事该职业民众的实际收入水平。因为某一职业的人均收入可能因收入差距过大而偏离实际情况，而中位收入数可以将这种差距反映出来。

③ 美军军人工资收入＝基本工资＋共享性补贴。基本工资标准选择2015年美军基本工资标准，见附表2；共享性补贴包括全体军人都享受的生活补贴、住房补贴两个项目，其中：住房补贴选取较高的标准，即选用军人带家属的基本住房补贴标准。由于服装补贴按军种、性别区分标准，在此不将其纳入。

2015 年全美职业年收入排名第 20 位的财务经理的 134,330 美元，这说明上校以上军官处于美国的富裕经济阶层。同时，在此测算的美军年工资收入仅包含基本工资和全体军人共享性补贴，如纳入针对任务、岗位、技能等而设置的特殊津贴和奖金项目，军人的实际工资收入还要高。

表 1-27　　2015 年美军军官年工资收入测算表

单位：美元

类别 军衔	服役年限	基本工资	共享性补贴	年工资收入
上将（O-10[1]）	30	17,925.30	2,176.68	241,223.76
中将（O-9[1]）	27	15,062.40	2,176.68	206,868.96
少将（O-8[1]）	24	13,647.30	2,176.68	189,887.76
准将（O-7[1]）	21	12,043.80	2,176.68	170,645.76
上校（O-6[2]）	18	9,272.10	1,984.68	135,081.36
中校（O-5）	14	7,574.70	1,922.58	113,967.36
少校（O-4）	10	6,659.10	1,724.28	100,600.56
上尉（O-3）	7	5,469.60	1,470.48	83,280.96
中尉（O-2）	4	4,584.00	1,291.98	70,511.76
少尉（O-1）	2	3,054.30	1,183.08	50,848.56

说明：1. 基本工资数据选取各军衔人员的平均服役年限的基本工资标准，具体标准见附表 2；

2. 共享性补贴选取全体军人都享受的生活补贴（具体标准见附表 3）、住房补贴（具体标准见附表 4）两个项目，其中：住房补贴选取较高的标准，即选用军人带家属的基本住房补贴标准。由于服装补贴按年度发放，在此不将其纳入。

三、军地同类人员间工资水平比较

只有处理好军地同类人员之间的工资关系，才能吸引优秀人才投身军营。因此，美国在制定军人工资标准时，都要参考行业工资变动情况，制定相应的特殊津贴和奖金项目，目的是与地方同类人员工资收入保持相对平衡。根据表 1-26 可知，美国地方医务人员工资收入相当高，2015 年美国年中位收入排名前二十位的职业大多数是各专业医生。美国国防部感到征召医务人员非常困难，为缩小军地工资差别，制定了多种军医工资方案：

①医务人员特殊津贴（Variable special pay-medical officers）。其面向在军队服役的全体医务人员而设置，津贴标准根据医务人员的资质、军衔、服役年限等因素来划分。2016 年起点标准为实习医生每月 100 美元；完成实习期训练后，服役 3 ～ 6 年的医生每月可得 416.66 美元；6 ～ 8 年时每月可得 1,000 美元；从第 8 年开始其数额开始下降，直到第 22 年时降至每月 583.33 美元。②医务人员的委员会认证特殊津贴（Board certified pay special pay-medical and dental officers）。获得医学鉴定委员会认证资格的医生根据其服役时间，2016 年每月可享受 208.33 ～ 500 美元。③医务人员特殊激励津贴（Incentive special pay-medical officers）。针对美国社会中麻醉科、外科、妇科等医学专业的医务人员收入高的现状，考虑到医学的通用性，2016 年对军队从事相关医学专业的医务人员每年发放 20,000 ～ 36,000 美元，以消除军地医务人员的收入反差，吸引和保留军队所需医学专业的医务人员。④牙医特殊津贴（Variable special pay-dental officers）。其面向在军队服役的牙医而设置，津贴标准综合牙医的资质、军衔、服役年限等因素进行区分。2016 年起点标准为实习牙医每月 250 美元；完成实习期训练后，上校军衔以下的牙医服役 3 ～ 8 年的每月可得 583.33 美元，8 ～ 12 年时每月可得 1,000 美元，从第 12 年开始其数额开始下降，直到第 22 年时降至每月 666.66 美元；上校军衔以上的牙医不论服役年限，每月均发放 583.33 美元。⑤牙医额外特殊津贴（Additional special pay-dental officers）。考虑到美国地方牙医收入较高，为缩小军地牙医的收入反差设置该津贴，津贴标准按牙医服役年限区分，2016 年服役不足 3 年的牙医每年发放 10,000 美元，服役 3 ～ 10 年的牙医每年发放 12,000 美元，服役 10 年以上的牙医每年发放 15,000 美元。⑥牙医多年留任奖金（Multiyear retention bonus—dental officers）。为保留在军队工作的牙医，2016 年对签订延期服役 2 ～ 4 年合同的合格牙医，根据牙医的医生资质等级，每年发放 13,000 ～ 50,000 美元的奖金。此外，美军根据地方飞行员收入较高的现状，设置了航空职业鼓励津贴、职业飞行员奖励津贴等。

第三节　美军工资管理机制状况

美军作为世界上职业化程度最高的军队，为吸引和保留军队所需人才，增强军人职业吸引力，建立了优厚的工资待遇制度以更好地支撑军人职业化制度，并对军人工资实施法制化管理。

一、军人工资的法律制度保障体系

美军工资的法律制度保障体系可区分为国家、政府、军队三级。美军有关军人工资标准及工资管理的基本事项均由国会进行专门立法；有关工资发放的财务会计业务的基本事项通常由政府以法令和政令的形式进行规范；国防部和各军种主要对工资管理的一些具体事项制定补充性规定。

为加强军人工资管理，美国很早就注重从法律上规范军人工资待遇。在 1789 ～ 1799 年美国通过一系列立法建立了美军原始的基本工资体系。1922 年又通过《联合军种工资调整法》将陆军、海军两个工资体系合二为一。1949 年，美国通过《职业补偿法》为现行的以军衔和服役年限来划分职责差异的基本工资体系奠定了基础。1967 年经国会批准立法，制定了军人工资同政府官员工资相比较的具体实施办法。1970 年美国国会依据《联邦政府工资比较法案》，规定军官和联邦政府雇员的工资标准与私营企业中从事同类工作的雇员的工资标准每年都要进行对比审查，同步增长。军人工资法律制度经过实际运行校验和不断修订完善，美国建立了规范科学的军人工资待遇法律制度体系。现今由美国国会众议院法律修订咨议局编纂的《美利坚合众国法典》中设有《军职部门的基本工资、补贴和特殊津贴与奖金》部分，内容多达 11 章，对军人的基本工资、补贴、特殊津贴和奖金的数额标准、计算方法、发放时间、拨用和分配等作了详实的规定[①]。此外，在美国国会通过的《国家安全法》、《军事人员管理法》与国防部通过的《国防军官人事管理法》、《国防军官晋升条例》等法律法规中，都有详尽规范军人工资待遇的条款，确保美军官兵的工资待遇有明晰的法律保障。

二、军人工资的决策、审批和执行机制

美军的工资决策严格依照法定程序来实施，先由国防部确定工资调整预案，纳入国防预算申请，然后由隶属于总统的行政管理与预算局审查国防部的预算申请，经总统认可后编入总统预算。每年 1 月或者 2 月国会开始举行会议前，总统将包括军人工资调整方案在内的总统预算申请提交国会。国会在军人工资决策问题上的主要职责是制定和颁布军人工资法律、审查和批准每年的国防预算及其增长，是军人工资待遇最高权威决策机构。同时，参议院要听取国防部有关部门的汇报和意见，众议院预算委员会、国会预算办公室和国会总会计办公室都要审查国防部起草的年度国防预算报告。最后，在每年 9 月 30 日以前由国会审查总统预算申请，并通过《国防授权法》和《国防拨款法》，对军人工资待遇具体开支项目分别进行授权和拨款。

美国国防部的职责主要是将军人工资法律具体化为实施条例和实施细则，制定具体的军人工资制度，拟定军人工资调整改革方案，并监督法律、条例、规章和制度以及调整改革方案的贯彻执行。例如，《美利坚合众国法典》军事法卷第三十七编第十九章《实施细则》第一千零一条《关于基本工资和补贴津贴的规章》明确规定："一、除非按国防部长规定的程序经过批准，否则各军种部部长不得根据本编或其他任何法律制定关于该部所辖武装部队成员的工资和补贴津贴的规章。二、有关部长制定的关于海岸警卫队、国家海洋与大气层管理署、公共卫生署成员的工资和补贴津贴以及同本条第一款

---

①（俄）特鲁斯措夫，张文良译:《美国军人的薪金、津贴和各种福利待遇》,《外军后勤信息》2004 年第 2 期。

规定的相似的规章，应尽可能与该款批准的规章一致。三、国防部长、交通部长、商务部长或卫生人类服务部长可以向审计长进行咨询，征求审计长对于拟订中专门影响该部长所辖部的规章的意见。”上述规定明确了工资和补贴津贴相关法规制定的权威性及法规执行的规范性。此外，美军设有专职监察部门，对包括军人工资待遇在内的法规执行情况进行监督，以减少产生灰色收入和工资待遇去向不明的漏洞。同时，美军还将军人工资福利待遇置于出版物、广播和电视等媒体的监督之下。

三、军人工资的信息管理机制

为保持军地工资关系的科学合理，使军人工资的调整与经济发展水平、市场工资率、物价指数等诸多经济指标密切相关，美国建立了由总统主持下的军人工资信息管理机制。《美利坚合众国法典》军事法卷第三十七编第十九章第一千零八条《总统关于调整和改革基本工资和补贴津贴的建议》中规定：“一、总统应指示每年对本编批准给军职部门成员的基本工资和补贴津贴是否适当进行一次核查。该项核查完成后(但不得迟于每年 3 月 31 日)，总统向国会呈交一份详细报告，概括说明该年度检查的结果并提出调整本编批准发放的基本工资和补贴津贴标准的建议。二、总统认为适宜时，应指示对军职部门成员的工资制度的概念和保障原则进行一次全面核查，但首次核查的时间不得迟于 1967 年 1 月 1 日并且尔后不得少于每 4 年一次。完成上述核查后，总统应向国会呈交一份详细报告，概括说明该项核查的结果并提出可能的建议，提议对军人工资制度和军职部门成员的工资结构中的其他部分进行改革。”该项规定明确了军人工资信息调查的实施主体为国家总统，具体实施流程为总统主持军人工资调查，工作结束后向国会提交报告，并明确提出工资调整建议。同时，军人工资调查分两种：一是每年的定期调查，完成时限是每年 3 月 31 日前；二是不定期调查，即总统认为有必要时，可指示对军人工资制度状况进行全面核查，这类调查始于 1967 年 1 月 1 日，其后至少每 4 年开展一次。由于美国高层重视军人工资制度的科学性且由总统亲力亲为，加之法律规定定期或不定期核查军人工资是否合理，从而能及时发现并纠正军人工资制度存在的问题，有效保障了军人工资水平处于社会的合理经济阶层。

第四节　美军工资管理的特点分析

兰德公司的一份研究报告称，增加军人工资待遇是保持部队稳定的“最有效措施”，军人加薪 10%，新兵入伍率和报考军校的高中毕业生一般可提高 40%。美国国防部认为，只有重视军人的物质利益，才能使军人不断完善自己的军事技能和树立乐于奉献的精神，而工资是激励军人有效履行职责的重要工具。作为当今世界最发达的国家，美国军人工资制度特色比较鲜明，也是许多国家军人工资制度借鉴的样板。

一、实行军衔基本工资制

美军工资由基本工资、补贴、特殊津贴和奖金三部分组成，其中基本工资是全体军人的基本法定收入和主要收入来源，其以军衔为划分尺度，考虑服役年限因素来设置军衔工资标准。美军的基本工资按军衔划分为 27 个等级，其中军官的基本工资按军衔分 13 个等级，准尉、士官和士兵的基本工资按军衔划分为 14 个等级。每级军衔的基本工资标准又根据服役年限分为若干个档次，各衔级军人随着服役年限的增长，工资自然逐档上升。晋升到上一级军衔后，根据服役的年限，再从这一级军衔的相应档次上开始自然增长。但各军衔军人服役达到一定年限后，其基本工资不再随服役年限增加而增长，具体服役年限为：少尉 3 年、中尉 7 年、上尉 15 年、少校 19 年、中校 23 年和上校 31 年。由此可见，美军的军衔基本工资制度设计，既注重体现军人的年功价值，又注重约束不思进取的军人，以保持军队昂扬的锐气。

同时，美军的基本工资是工资收入的主体，且呈军衔越高军人的基本工资占工资收入的比重越大的趋势。根据美军 2016 年工资标准，军官的基本工资与共享性补贴[①]比例在 1∶0.13 ～ 1∶0.39 之间，上将的基本工资与共享性补贴的比例最大，为 1∶0.13；准尉和士官的基本工资与共享性补贴比例在 1∶0.21 ～ 1∶0.34 之间；士兵的基本工资与共享性补贴比例在 1∶0.47 ～ 1∶0.61 之间，列兵的基本工资与共享性补贴的比例最低，为 1∶0.61。此外，工资最高与最低比例关系是一个国家军人工资制度的特定标志，大体分为高位差和低位差两类。位差高低与国家经济情况、军官（尤其是高级军官）的社会地位、军队规模和军官规模大小有关。美军基本工资最高与最低比例[②]为 11.25∶1，其中军官基本工资最高与最低比例为 6.65∶1，准尉基本工资最高与最低比例为 3.28∶1，士官基本工资最高与最低比例为 3.15∶1，士兵基本工资最高与最低比例为 1.80∶1，可见美军基本工资位差较高，这体现了美军的军衔基本工资设计注重效率，较高比例有利于拉开军人间工资差距，能科学反映各军衔人员的职责轻重。

二、津贴补贴设置体系化

为了鼓舞部队士气，吸引青年入伍，鼓励军人承担各种特殊危险的工作任务，美国军人除基本工资高于地方人员外，还设计了完备的津贴补贴体系。补贴主要考虑军人生活和工作方面的共性需求，综合军衔、服役年限和个人需求差异来设计标准，目前已达 30 多项。特殊津贴和奖金主要针对在对身体有危害的岗位上工作和对生命有危险的环境中任职的军人而设置，并兼顾军人的任务、技能及生活需求等方面的因素来设计具体标准，目前已达 50 余项。美军的津贴补贴体系具有以下显著特点：一是津贴补助面广、范围大。美国军人共享性补贴主要有生活补贴、服装补贴、住房补贴、个人现金补贴

---

① 共享性补贴选取全体军人都享受的生活补贴、住房补贴两个项目，其中：住房补贴选取较高的标准，即选用军人带家属的基本住房补贴标准。由于服装补贴按年度发放，在此不将其纳入。

② 上将的最高基本工资与一等兵的基本工资的比值。

和家庭分离补贴等，能有效保障军人职业的共性需求，解除军人的后顾之忧，激励军人立足本职努力工作。二是特殊津贴和奖金设置明细。美军的特殊津贴和奖金按照军人的劳动特点来设置。提供什么样的劳动，就享受什么样的津贴补贴项目；提供多少劳动，就享受多少津贴补贴标准，从而保持津贴补贴的项目供给与军事劳动需求基本趋于均衡。例如，美国国防部感到征召医务人员非常困难，为缩小军地工资差别，制定了详细的军医工资方案，明确到医务人员具体的专业、岗位和服役年限享受何种津贴项目及标准。三是津贴补贴的标准高，且经常调整提高。美国军人的各种津贴补贴金额约占工资收入较大份额，其中军官的津贴补贴约占工资收入的 30%，士兵的津贴补贴约占工资收入的 60%。同时，美军的津贴补贴不仅保障面广、标准高，而且也与基本工资一样随物价上涨而定期调整，如生活补贴、住房补贴、医务人员特殊津贴等许多项目基本上每年调整一次，调整的幅度要高于物价上涨指数，有时甚至高于基本工资上涨幅度。

三、工资实施法治化管理

美国注重从法制层面规范军人工资待遇，经过多年的改革实践，目前已形成了较科学的工资法律制度保障体系和管理机制。一是美军构建了科学系统的军人工资法律制度保障体系。美军工资的法律制度保障体系分为国家、政府和军队三个层级，国会众议院法律修订咨议局编纂的《美利坚合众国法典》中，专门设有《军职部门的基本工资、补贴和特殊津贴与奖金》一章；国会通过的《国家安全法》、《联邦政府工资比较法案》、《军事人员管理法》，国防部通过的《国防军官人事管理法》、《国防军官晋升条例》等法律法规中，都有对军人工资待遇详尽规范的条款。二是美军工资的管理机制严密规范。一般先由国防部确定工资调整预案，纳入国防预算申请，然后由隶属于总统的行政管理与预算局审查国防部的预算申请，经总统认可后编入总统预算。每年 1 月或者 2 月国会开始举行会议前，总统将包括军人工资调整方案在内的总统预算申请提交国会。同时，参议院要听取国防部有关部门的汇报和意见，众议院预算委员会、国会预算办公室和国会总会计办公室都要审查国防部起草的年度国防预算报告。最后，在每年 9 月 30 日以前由国会审查总统预算申请，并通过《国防授权法》和《国防拨款法》，对军人工资待遇具体开支项目分别进行授权和拨款。同时，国防部负责将军人工资法律具体化为实施条例和实施细则，制定具体的军人工资制度，拟定军人工资调整改革方案，并监督法律、条例、规章和制度以及调整改革方案的贯彻执行。此外，国防部国防力量和管理部部长主责组织每四年对军人工资状况进行一次评估，重点评价军地工资收入对比情况、军人工资制度存在的问题等，并形成军队工资收入评估报告（QRMC），上报参议院军事委员会及其下属人力资源办公室审议。三是依法实施军人工资信息调查。《美利坚合众国法典》军事法卷第三十七编第十九章第一千零八条《总统关于调整和改革基本工资和补贴津贴的建议》中对军人工资信息调查进行了明确规定，即由总统主持军人工资信息调查工作，根据工作需要采取定期和不定期调查方式开展工作，调查工作结束后向国会提交报告，并明确提出工资调整建议。四是科学的军人工资增长机制。美军增资渠道多、增资方法灵活，且实施制度化保障。包括随军衔的晋升而增资；随服役年限的增长而增资；采用劳工部的雇佣成本指数（ECI）确定军人增资标准；每年将军人与私营企业中从事同类工作的雇员的工资标准进行对比审查，实现同步增长，保证军人及时享受国家经济发展带来的利益。正是由于美军工资实施法治化管理，大大增强了军人职业的竞争力，吸引和保留了军队所需各类人才。

第二章

俄罗斯军人工资的状况与特点

苏联解体之后，俄罗斯军队继承了苏军70%的军事力量，经过裁减，20世纪末俄军编制员额已减至约120万人，仅为苏军的27.9%。普京执政以来，俄罗斯（以下简称俄）围绕重振昔日大国的目标，不断进行军事变革。近年来，俄罗斯局势动荡不安，从乌克兰危机到叙利亚反恐，西方对俄实施政治孤立、经济制裁、军事挤压，使得俄罗斯加强军事力量的需求更加迫切，军事人力资源不足的问题也日益突出。与此同时，卢币贬值，通胀高企，降低了军人工资收入的实际购买力，直接影响了军人的生活质量。为达到强国强军目标，俄罗斯以建设一支编制体制合理、机动性强、装备先进和待遇优良的职业化军队为目标，对国防和军队建设进行了大刀阔斧的改革。经过改革调整，俄军职业化程度进一步提高，军官比例由原来的58%降为15%，合同制士兵占比已达到70%[①]。同时，为吸引更多的青年人投身国防，俄罗斯政府修订了《俄罗斯联邦国防法》、《俄罗斯联邦军人地位法》、《俄罗斯联邦军人薪金与补贴法》等一系列法律法规，大幅提高了军人的工资福利待遇，进一步增强了军人的政治地位和经济地位。

① 中共中央党校国际战略研究所编：《2012年的世界回顾与展望》，新华出版社2013年版，第375页。

第一节　俄军的工资状况

俄罗斯武装力量原由陆军、海军和空军三大军种和战略火箭兵、空降兵和空天防御兵三个独立兵种组成。据统计，2013 年俄武装力量人数为 84.5 万人，其中陆军 25 万人、海军 13 万人、空军 15 万人、三个独立兵种合计 31.5 万人[①]。2015 年 8 月 1 日，俄罗斯武装力量结构调整，空军和空天防御兵合并，组成新军种——空天军，由原来的“三大军种—三个独立兵种”变为“三大军种—两个独立兵种”[②]。现役军人包括军官、后备军官、士兵（包括士官）三大类别。由于俄罗斯推动军队职业化进程，实行合同兵役与义务兵役混合制度，士兵分为合同兵和义务兵。义务兵需服役 1 年，实行津贴制；合同兵需服役 3 ～ 5 年，主要补充士兵和士官，并首先进入特种部队、海军陆战队、空降兵部队、战略导弹部队和空天防御部队[③]，实行职务工资制。因此，本书重点研究俄罗斯的军官、后备军官和合同兵等的工资状况，涉及义务兵享受的津贴补贴时也一并介绍。

一、俄军工资的项目构成

《俄罗斯联邦军人地位法》明确规定，现役军人的工资由基本工资、津贴、奖金、补助构成。同时，现役军人的工资随着国内生活费用上涨指数和社会劳动报酬的提高而同步增加[④]。

---

① 资料来源：《2014 年韩国国防统计年鉴》。

② 资料来源：俄罗斯国防部网站，http ：//mil.ru/。

③ 资料来源：http ：//world.people.com.cn/n/2014/1219/c1002-26243042.html。

④ 王道伟、荆博、聂昕阳编著：《军事后勤战争胜败的强力杠杆》第 1 版，蓝天出版社 2011 年版，第 56 页。

（一）基本工资

基本工资又名基本薪金，是军人工资的主要部分，其标准制定与军人任职的专业岗位和服役的地区无关，实行全军统一标准。俄军实行以职务工资为主、军衔工资为辅的基本工资制；担任不同职务军人的职务工资有一定级差，将职务工资划分为 50 级 ①。2012 年《俄罗斯联邦工资比较法》中规定，初级军官的工资为普通工人（职员）工资的 5 倍。军衔工资是基本工资的重要组成部分，约占军人工资总额的 9% ～ 30%。俄罗斯军衔设 6 等 20 级，军官包括将官、校官、尉官三个层次；后备军官包括准尉；士兵包括士官和义务兵两个层级，具体见表 2–1。军人随着军衔的晋升享受相应等级的工资标准，且最低军衔工资不得少于职务工资的 50%。

表 2–1　　　　　　　俄罗斯军人的军衔划分表

人员类别 \ 适用部队		陆军、空军、战略火箭兵、空大防御兵、空降兵、内卫军、边防军系统、军事情报机关	海军、加里宁格勒军事集群
军官	将官	俄罗斯元帅	
		大将	海军元帅
		上将	海军上将
		中将	副海军上将（俗称：海军中将）
		少将	后备海军上将（俗称：海军少将）
	校官	上校	一级校官（俗称：海军上校）
		中校	二级校官（俗称：海军中校）
		少校	三级校官（俗称：海军少校）
	尉官	大尉	高级上尉（俗称：海军大尉）
		上尉	
		中尉	
		少尉	

① 赵俊兰著：《军人薪酬的理论与制度》第 1 版，中国经济出版社 2005 年版，第 111 页、114 页。

续表

适用部队 / 人员类别		陆军、空军、战略火箭兵、空天防御兵、空降兵、内卫军、边防军系统、军事情报机关	海军、加里宁格勒军事集群
后备军官	准尉	高阶准尉	高阶海军准尉
士兵	士官	准尉	海军准尉
		士官（俗称：大士）	领舰士官长（俗称：海军大士）
		高阶军士（俗称：上士）	上级海军士官（俗称：海军上士）
		军士（俗称：中士）	一级海军士官（俗称：海军中士）
		初级军士（俗称：下士）	二级海军士官（俗称：海军下士）
	义务兵	伍长（俗称：上等兵）	高阶水兵（俗称：海军上等兵）
		列兵	水兵（俗称：海军列兵）

（二）津贴

2011 年 12 月 30 日，俄罗斯国防部颁布了《俄罗斯联邦军人薪金与补贴法》，该法将原来 100 余种津贴简化为 8 项津贴，分别为：军龄津贴、技能津贴、法律职务津贴、服役特种状态津贴、涉密津贴、保护国家秘密的军龄津贴、特种服役津贴、地区津贴。这些津贴除义务兵外，其他现役军人都享有。军龄津贴主要依据军人服役年限而设置；技能津贴主要根据军人的技术级别来设计，目的是吸引和保留军队所需专业技能人才；法律职务津贴主要由具有高等法学教育经历并在军队从事法律相关工作的军人享有，表明俄罗斯军队对法律人才的重视，也体现了依法治军的需要；服役特种状态津贴，主要是补偿军人在进行舰艇航空兵的地面训练、核试验、舰艇战斗训练、潜水作业、跳伞训练中的高强度劳动和职业风险；涉密津贴主要是依据国家机密情报工作岗位处理信息的涉密程度来设置，目的是强化军人履行保密义务，更好地保守国家秘密；保护国家秘密的军龄津贴，根据军人保护国家秘密的服务年限来设置；特种服役津贴，主要对军人特殊条件下的军事勤务或服务进行补偿，如战斗值班、掌握多门外语等，满足军队对人才的多方面需求；地区津贴被细分为五类：北极地区津贴、偏远地区津贴、高山地区津贴、荒漠干旱地区津贴、驻俄罗斯境外津贴，这些地区工作条件比较艰苦或特殊，环境相对恶劣，设置地区津贴主要激励军人到这些地区服役，补偿军人的超额劳动付出。

（三）奖金和补贴

为激励军人更好地履行职责，俄军设置了模范履行军人义务奖和认真履行勤务职责奖。同时，军人还享受年度生活补贴、出差补贴、调迁补贴、安家补贴等。

此外，俄军的福利还包括养老保险，其标准按照职务工资、军衔工资和军龄津贴的一定比例计提[①]。

二、俄军工资的具体标准

（一）基本工资标准

军官、后备军官和合同兵的基本工资标准按职务和军衔分别来设计，具体见表2-2、表2-3。

表2-2　　2012年俄罗斯合同兵役制军人职务工资标准

单位：卢布/月

职务	工资等级	标准
士兵、水兵、中士、上士、大士、准尉和海军准尉		
初级士兵和水兵职务的射击手、火箭筒手助手	1	10,000
防空射击手、火箭筒手、狙击手	2	11,000
战斗车辆副车长兼瞄准手、高级火箭筒手	3	12,000
战斗车辆车长、榴弹发射器指挥长、坦克教练场管理员	4	13,000
副排长	5	15,000

① 根据《俄罗斯联邦军人薪金与补贴法》，以俄联邦军人服役20年为界限，从2012年开始，俄军养老金计算公式为：（职务工资+军衔工资+军龄工资）×50%（超过20年的每年增加3%，但不超过85%）×54%（从2012年开始，每年增加2%），以一位在2012年服役满25年的中校为例，其养老金为：（24,000+12,000+10,800）×65%×54%=16,426.20。

续表

职务	工资等级	标准
警备队长、教练长	6	16,000
坦克车长（带导弹 - 火炮武器）、独立连、营、炮兵营、团仓库管理员（武器、导弹和弹药仓库）	7	17,000
超音速喷气飞机试航员、登陆艇指挥员助手	8	17,500
登陆艇指挥员、大士（营、炮兵营、连、炮兵连）	9	18,000
军官		
摩步（坦克）排排长、航空机械师、机械师	10	20,000
连队技术员、舰艇（飞机、直升机）机械师、高级航空机械师、高级机械师	11	20,500
摩步（坦克）连副连长、舰艇（飞机、直升机）高级机械师	12	21,000
P-135 电台台长	13	21,500
摩步（坦克）连连长、防空导弹连连长	14	22,000
摩步（坦克）团参谋长高级助理	15	22,500
摩步（坦克）营副营长	16	23,000
摩步（坦克）旅通信（侦察）主任、初级科研人员	17	23,500
摩步（坦克）营营长、导弹（炮兵）营长、中级科研人员	18	24,000
摩步（坦克）团炮兵主任、集团军（舰队）机关下属局参谋	19	24,500
摩步（坦克）团副团长、军区（战区舰队）机关下属局参谋、高级科研人员	20	25,000
师后勤副师长、集团军（战区舰队）机关下属局高级参谋	21	25,500
战区（舰队）机关下属局高级参谋	22	26,000
摩步（坦克）团团长、国防部下属局（一类总局下属的处）参谋、护航舰舰长	23	26,500
战区（舰队）下属局处长	24	27,000
战区军事委员会秘书	25	27,500
摩步（坦克）旅旅长、国防部下属局（一类总局下属的处）高级参谋、大型反潜舰舰长、护航舰舰长	26	28,000
军种总司令部和兵种司令部组长	27	28,500
国防部下属局（一类总局下属的处）组长、导弹巡洋舰舰长	28	29,000
军种总司令部和兵种司令部副处长、摩步（坦克）师副师长、核动力潜水巡洋舰舰长	29	29,500

续表

职务	工资等级	标准
国防部一类总局下属处的副处长、重型航母巡洋舰长	30	30,000
摩步（坦克）师师长	31	30,500
军种总司令部和兵种司令部处长、摩步（坦克）军副军长、舰队支队长	32	31,000
国防部一类总局下属处的处长、军种总司令部和兵种司令部方向局副局长、战区下属局局长	33	31,500
国防部总局下属方向局的副局长、战区导弹与炮兵（防空兵）局副局长、一级航空基地主任	34	32,000
摩步（坦克）军军长、集团军装备（教育工作、后勤、航空工程勤务）副司令、舰艇总队长	35	32,500
军种总司令部和兵种司令部方向局局长	36	33,000
国防部总局下属方向局局长、军种总司令部和兵种司令部下属局副局长、集团军副司令	37	33,500
国防部一类总局下属局副局长、海军基地指挥员	38	34,000
军种总司令部和兵种司令部下属局第一副局长、舰艇分舰队指挥员、战区导弹兵与炮兵局局长	39	34,500
国防部一类总局下属局第一副局长、集团军第一副司令	40	35,000
军种总司令部和兵种司令部下属局局长、战区装备（战斗训练、教育工作、后勤、军队建筑与营房）副司令、黑海区舰队司令	41	35,500
国防部一类总局下属局局长	42	36,000
国防部二类总局副局长	43	36,500
国防部一类总局副局长、国防部二类总局局长、合成集团军司令、战区副司令、导弹集团军司令、战区舰队司令	44	37,000
国防部一类总局第一副局长、兵种第一副司令、战区第一副司令	45	37,500
军种副司令	46	38,000
国防部一类总局局长、兵种司令、战区司令、国防部勤务副主任	47	40,000
副总参谋长	48	42,000
第一副总参谋长	49	44,000
国防部第一副部长、国防部副部长、国防部勤务主任、军种总司令	50	45,000

资料来源：《俄罗斯联邦军人薪金与补贴法》（2011 年 12 月 30 日颁布）。

表 2-3　　　　2012 年俄罗斯合同兵役制军人军衔工资标准

单位：卢布 / 月

序号	军衔	标准
1	列兵、水兵（海军列兵）	5,000
2	伍长（上等兵）、高级水兵（海军上等兵）	5,500
3	初级军士（下士）、二级海军士官（海军下士）	6,000
4	军士（中士）、一级海军士官（海军中士）	6,500
5	高阶军士（上士）、上级海军士官（海军上士）	7,000
6	士官（大士）、领舰士官长（海军大士）	7,500
7	准尉、海军准尉	8,000
8	高阶准尉、高阶海军准尉	8,500
9	少尉	9,500
10	中尉	10,000
11	上尉	10,500
12	大尉、高级上尉（海军大尉）	11,000
13	少校、三级校官（海军少校）	11,500
14	中校、二级校官（海军中校）	12,000
15	上校、一级校官（海军上校）	13,000
16	少将、后备海军上将（海军少将）	20,000
17	中将、副海军上将（海军中将）	22,000
18	上将、海军上将	25,000
19	大将、海军元帅	27,000
20	俄罗斯联邦元帅	30,000

资料来源：《俄罗斯联邦军人薪金与补贴法》（2011 年 12 月 30 日颁布）。

俄罗斯法律规定，年龄在 18 岁至 27 岁的青年男子必须服役一年。义务兵的津贴标准具体如表 2-4 所示。

表 2-4　　　　2012 年俄罗斯义务兵津贴标准

单位：卢布 / 月

工资等级	职务	标准
1	通过培训单位、部队和军事装备学校培训（学校国民教育）后直接入伍服役的人员	1,000
2	司机、话务员、喷射器、枪手、狙击手	1,100

续表

工资等级	职务	标准
3	导弹发射员，战斗机驾驶员，资深基层管理者、侦察机保障人员、护士、学员在军事职业教育机构学习（包括军队服兵役的人员在进入军事训练或教育机构接受培训）	1,200
4	炮、迫击炮自行发射装置发射员、舰长的辅助驾驶员、战略导弹发射员	1,300
5	坦克、摩托排士兵、卫生员、炊事员	1,400
6	射击场检查员，军事站点加油员，交通管制检查员	1,500
7	摩托化装甲兵，医疗站卫生员	1,600
8	指挥所助理值班员，翻译	1,700
9	军营交通军士	1,800

资料来源：《俄罗斯联邦军人薪金与补贴法》（2011 年 12 月 30 日颁布）。

（二）津贴标准

《俄罗斯联邦军人薪金与补贴法》对军人津贴标准进行了具体明确。

1. 军龄津贴标准。根据服役年限，按照基本工资的 0% ～ 40% 计算，0 ～ 2 年、2 ～ 5 年增加一次，以后每 5 年增加一次，服役年限超过 25 年的按 25 年计算。

2. 技能津贴标准。根据技能级别，按照基本工资的 5% ～ 30% 确定具体标准，如表 2-5 所示。

表 2-5 技能津贴标准

技能级别	占基本工资的比例
三级资格类别	5%
二级资格类别	10%
一级资格类别	20%
特级资格类别	30%

3. 涉密津贴标准。根据军队机密情报工作岗位处理信息的涉密程度，按照基本工资的 10% ～ 25% 计算，如表 2-6 所示。

表 2-6 涉密津贴标准

信息涉密程度	占基本工资的比例
秘密	10%
机密	20%
绝密	25%

4. 服役复杂性、紧张性和特种状态津贴标准。根据所处岗位的复杂性、紧张性和特种状态，分为舰艇航空兵的地面训练、核实验、舰艇战斗训练、潜水作业、跳伞训练 5 类，标准按照基本工资的 0% ～ 100% 计算。

5. 法律职务津贴标准。军人接受过高等法学教育，从事法律的审查工作或担任律师助理等情况时享受该津贴，标准为基本工资的 15% ～ 50%，如表 2-7 所示。

表 2-7 法律职务津贴标准

工作部门	占基本工资的比例
基层部队	15%
在军事机关从事管理职务（军种和兵种部机关、战区司令部等）	30%

6. 保护国家秘密的军龄津贴标准。根据从事保护国家秘密的服役年限，按照基本工资的 10% ～ 20% 计算，每 5 年增加一次。

7. 特种服役津贴标准。根据特殊条件下的军事服务要求分为 6 类标准，分别按基本工资的 0% ～ 100% 计算。

8. 地区津贴标准。分为驻北极地区津贴、偏远地区津贴、高山地区津贴、荒漠干旱地区津贴和驻俄罗斯境外津贴。具体标准按职务工资、军衔工资、军龄津贴、技能津贴、涉密津贴、服役特种状态津贴总额的一定百分比计算。

（三）奖金和补贴标准

1. 奖金标准。奖金分为模范履行军人义务奖和认真履行勤务职责奖。

（1）模范履行军人义务奖。包括履行合同义务奖、奖励工资等。国防部成立了评定委员会，并制定了履行合同义务奖的发放办法；奖励工资向基层部队和作战指挥岗位倾斜，年终考核为“优秀”的军人可获得最高相当于基本工资100%的奖励工资。

（2）认真履行勤务职责奖。其标准为本人基本工资的3倍，每年发放一次。

2. 补贴标准。补贴根据军人生活需求而设置，其标准有按次数、月份、年份设计，如生活补贴每年发放一次，标准为军人一个月基本工资。

三、俄军工资的结构状况

进入21世纪后俄罗斯经济发展势头转好，GDP连年增长，俄罗斯军人的工资标准也稳步提高。根据《俄罗斯联邦军人薪金与补贴法》，可以看出俄军工资结构简单，基本工资由军衔工资、职务工资两部分构成，再根据从事的岗位性质、技能、任务等方面需求确定了8项津贴，另外每年还发奖金和补贴。俄军2012年增加的工资主要表现为津贴和补贴的增长。由于津贴的享受对象有具体的条件限制，且津贴补贴标准通常按照基本工资标准计提，本书侧重从三个方面对俄军工资结构进行分析。

（一）基本工资与津贴补贴的关系分析

俄军基本工资由职务工资和军衔工资构成，津贴补贴大多与基本工资挂钩。例如，军龄津贴按基本工资的0%～40%计算，生活补贴为1个月基本工资标准。为直观测算基本工资与津贴补贴的数量关系，本书通过选取士官、尉级军官、校级军官、将级军官的基本工资与津贴补贴的平均值进行分析。

如图2-1所示，基本工资占工资收入的比例超过50%，居于主体地位。其中，尉级军官基本工资占工资收入的比例最大，为63%；将级军官基本工资占工资收入的比例最小，为54%。总体而言，军人的军衔越高，其基本工资占工资收入比例越低，反之亦然。

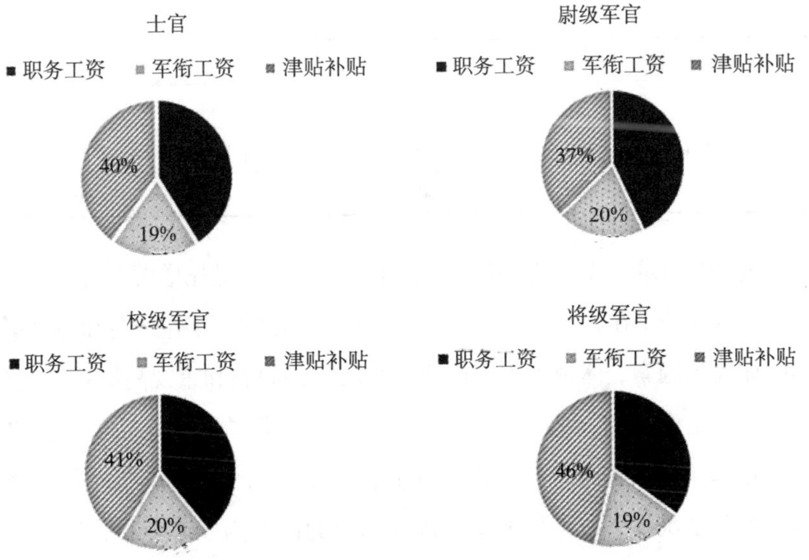

图 2-1　俄军基本工资与津贴补贴的比例图①

（二）职务工资级差、军衔工资衔差关系分析

1. 职务工资级差。俄军职务工资采取定额增资方式设计，分为 50 级，每一职务对应相应的标准，这样设置体现了同一职务、同等职责、同等报酬的思路，且操作简便，使得军人对自己职业发展有明确预期（见表 2-8）。

表 2-8　　俄军职务工资等级差额表

单位：卢布

人员类型	工资等级区段	工资等级差额
士兵、士官、准尉	1 ～ 4	1,000
	4 ～ 5	2,000
	7 ～ 9	500

① 为方便对各职务军衔军人的基本工资和津贴补贴进行对比，本书假定除了军龄津贴外，其余津贴按照基本工资的 20% 计算，并将年度奖金补贴折算成月奖金补贴，计入到月津贴补贴中。具体计算方法是：月津贴补贴 = 基本工资 ×20%+ 军龄津贴 + 奖金补贴 /12，由于军龄津贴、奖金补贴都是按基本工资一定比例提取，所以军官等级越高，基本工资越多，其津贴补贴所占比例也越大。

续表

人员类型	工资等级区段	工资等级差额
军官	10 ～ 46	500
	46 ～ 49	2,000
	49 ～ 50	1,000

如表 2-8 所示，职务工资等级差额（简称级差）呈先增大、后缩小、再增大趋势，体现俄军在设计职务工资时，考虑了基层官兵工作辛苦和高级军官晋升难度加大等因素，体现了工资待遇向基层官兵倾斜和重视高级将领的意图。

2. 军衔工资衔差。如表 2-9 所示，军衔工资衔差为固定数值，少将晋升中将的衔差为 2,000 卢布，中将晋升上将的衔差为 3,000 卢布，上将晋升大将的衔差为 2,000 卢布，其余军人晋升军衔的衔差为 500 卢布，这一设计思路主要考虑高级军官晋升难度加大的因素，操作也简便易行。

表 2-9　　俄军军衔工资衔差情况表

单位：卢布

军衔	工资差额
士兵、士官、尉级军官、校级军官	500
将级军官	2,000 或 3,000

（三）最高与最低工资比例关系

从表 2-2、表 2-3 可以看出，2012 年军人职务工资标准分为 50 级、军衔工资标准分为 20 级。如表 2-10 所示，职务工资高低比为 4.5∶1、军衔工资高低比为 6∶1，基本工资高低比为 5∶1，这说明在职务工资的设计上比较注重公平，而在军衔工资的设计上更侧重效率。

表 2-10　　2012 年俄军高低工资比例表

工资项目	高低工资比例
职务工资	4.5∶1
军衔工资	6∶1
基本工资（职务工资 + 军衔工资）	5∶1

四、俄军工资的增长机制

（一）国家调资

俄罗斯调整军人工资标准主要是考虑国家安全形势、通货膨胀率、国家经济发展水平和公务员工资水平等因素。俄罗斯在《军人社会保障改革纲要》中明确“军人将纳入政府公务员体系，军人工资随着国家公务员涨工资而自动增长”，这保障了军人工资增长制度化，加快了军人职业化进程。同时，近年俄罗斯国内通货膨胀率高企，为稳定军心、保证工资实际购买力，俄军于 2011 年、2012 年两次调整军人工资基数，上调幅度高于通货膨胀率。从 2012 年和 2011 年俄军工资增长情况看，军人职位越高，工资增加比例越大，如图 2-2 所示。这也展现了俄罗斯政府大力改善官兵工资待遇以提高军队的吸引力和战斗力的决心。

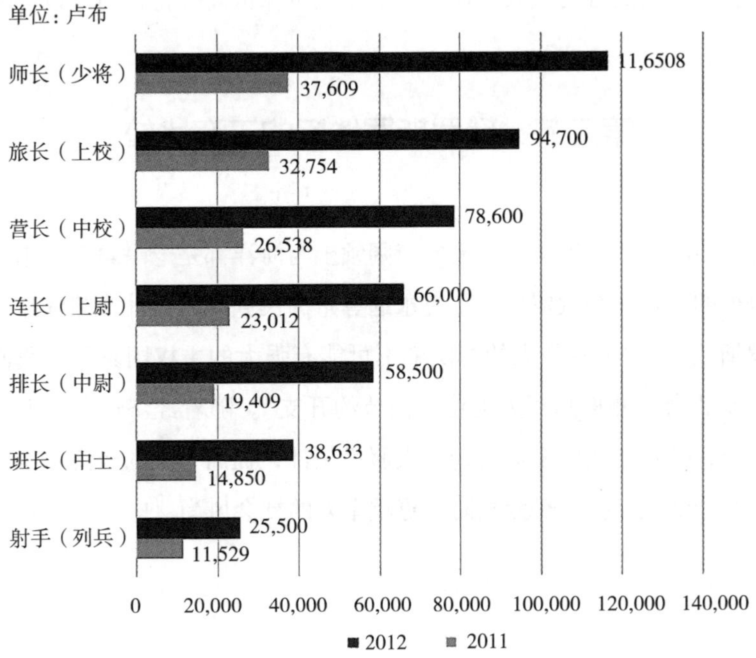

图 2-2　2011 年和 2012 年俄罗斯军人工资对比图

（二）晋升职务增资

俄军基本工资以职务工资为主，晋升职务对军人增资效应明显。从表2-2可知，军人每晋升一级职务，都相应地增加固定额度的工资。军官职务工资的级差较士兵、士官、准尉的要小，这主要是由于军官工资等级多，职务晋升空间大，职务工资增长空间也较大；同时，这体现了对基层官兵艰辛劳动的补偿与激励。

（三）晋升军衔增资

俄军对晋升军衔有严密的制度保障，明确规定了各类人员的晋衔时限，因而晋升军衔也是军人增资的重要途径。由表2-9可知，军人每晋升一级军衔，都增加固定额度的工资。士兵、士官、尉级军官、校级军官的军衔工资差额为500卢布，而将级工资差额为2,000卢布或3,000卢布，这主要考虑了将官晋升军衔的难度较大，体现了俄军注重保留高级将领的政策导向。

第二节 俄罗斯军地间的工资比较

普京多次强调，俄罗斯今天的广阔领土与海洋都是老一辈军人用一滴滴鲜血争得的，每一个俄罗斯人都应永远尊重为民族为国家冲锋陷阵流血牺牲的俄罗斯战士。“没有强大的军队就不可能有强大的主权国家”，“我们不会在加强武装力量和提高军人地位方面节约开支”。随着经济逐渐走上正轨和迅速增长，俄罗斯政府全面改善军人服役条件，提高军人的经济地位、政治地位和社会地位，树立热爱国防、尊重军人的社会风尚[①]。

---

① http：//ww.xueliedu.com/a/xinwenzixun/2015/0502/321111.html.

一、俄军工资参照对象的选择与确立

俄罗斯政府在出台的《军人社会保障改革纲要》中指出：该纲要旨在“为建立符合军事劳动特性、复杂性和强度的军人社会保障体系创造条件”，并明确“军人的工资制度将纳入政府公务员体系，随着国家公务员加薪而自动增长”。因此，俄罗斯军人工资的参照对象为国家公务员工资。

国家公务员工资由基本工资、津贴和奖金构成，工资标准由政府制定，根据通货膨胀率进行调整。在俄罗斯，国家高级公务员的基本工资由工作表现、经验、工作年份和工作内容决定，而对一般公务员来说，基本工资标准固定，约占整体收入的 20%，其余 80% 是津贴和奖金。《莫斯科时报》称，根据俄罗斯国家统计局的数字，2013 年联邦公务员的平均月工资比 2012 年上涨了 15.3%，平均月工资达到 7.2 万卢布；一些部门的月工资已突破 10 万卢布，同期，经济部门从业人员的平均月工资收入只有这个数字的 1/4。同俄罗斯人均月收入只有 2.3 万卢布相比，国家公务员的工资相当可观。根据俄罗斯审计与咨询公司 FBK 的数据，2011 年俄罗斯 66 个行政区的公务员工资约是当地平均工资的 1.5 倍。由于近年俄罗斯通货膨胀严重，国家公务员工资标准调整没有固定时间表，有时一年上调多次，因而近年俄军工资标准调整也较为频繁。

二、军人与国家公务员工资水平比较

俄罗斯的高级公务员和普通公务员实行不同的工资系列。高级公务员的奖金和福利往往是基本工资的几倍，其工资标准也大大高于普通公务员。据 2012 年 11 月 16 日普京签署的总统令，俄罗斯总统办公厅副主任工资与国防部办公厅主任工资持平，月工资为 4 万卢布；政府驻联邦委员会代表、驻国家杜马代表、驻宪法法院和最高法院的代表的工资，与各部委办公厅副主任工资持平，月工资为 3.7 万卢布；总理办公厅顾问工资和少校军官工资持平，月工资为2.8万卢布。由此可见，俄军人工资是以高级公务员工资为标杆，其工资高于国家普通公务员工资达25%～30%[①]。2016年随着国际原油价格不断下探，卢布汇率不断走低，对俄罗斯经济构成持续压力，总理梅德韦杰夫宣布，在经济困难情况下，国家应尽可能减少不必要开支，缩减开支首先应从政府机关开始，2015年俄罗斯政府公务员工资已减少10%，2016年将在不影响工作效率的前提下再减少10%。但同时，国防部称鉴于俄罗斯近几年安全局势动荡不安，亟须加大军队建设，将会在2017年增加军人工资。

三、军人与社会其他成员的平均工资水平对比

2012年《俄罗斯联邦工资比较法》中规定，初级军官的工资为普通工人（职员）工资的5倍。俄罗斯近几年来多次大幅上调军官工资，使军人工资一直高于职工平均月工资水平（见表2-11、图2-3）。

表2-11　2011年和2012年俄罗斯主要行业职工和军人平均月工资概况

单位：卢布

行业（各职衔军人）	2011年	2012年	增长倍数
农业、牧业、林业	12,464	14,129	1.3
渔业	25,940	29,201	1.3
挖掘和开采业	45,132	50,401	1.2
能源矿产开采业	51,588	57,210	1.1
其他开采业（除能源矿产）	33,580	38,267	1.2
制造业	21,781	24,512	1.1
纺织业	11,004	12,095	1.1
皮革、皮革制品和鞋类制造业	12,351	13,136	1.1
焦化和成品油制造业	48,463	59,195	1.2
集团军司令	47,606	137,417	2.9
连长（上尉）	23,012	66,000	2.9
列兵	11,529	25,500	2.2

资料来源：俄罗斯联邦统计局2015年数据。

① 资料来源：http：//www.360doc.com/content/10/0805/10/214043_43790195.shtml.

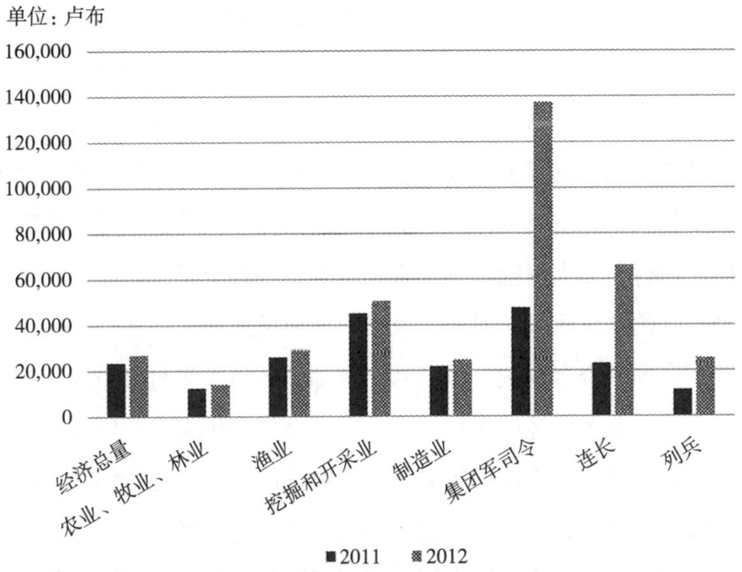

图 2-3　2011 年和 2012 年俄罗斯主要行业职工和军人平均月工资比较图

从表 2-11 和图 2-3 可以看出，俄军 2012 年工资涨幅较大，远超社会各行业平均工资增长率，如连长（上尉）2012 年工资比 2011 年增加了 2.9 倍，而能源矿产开采业只增加 1.1 倍。列兵的平均月工资已接近社会各行业平均月工资；连长的月工资为社会各行业平均月工资的 2 倍；集团军司令月工资更是制造业、纺织业等行业平均月工资的 5 倍多，可见俄军的工资在社会劳动力市场中具有较大竞争力。

四、军人特有的工资性福利

为了吸引更多年轻人投身军营，俄军还有许多与工资相关的福利，在此重点介绍俄罗斯军人享受的相关保险。

（一）军人保险

俄罗斯军人保险是由国家和社会提供的。俄罗斯目前对军人实行国家强制保险，依靠从国家预算中为此目的划拨的专项资金实施，由联邦国家执行权力机关——俄联邦政府负责实施。俄联邦国防部军事预算与财务总局作为军人国家强制保险的管理机关，负责具体运作。俄联邦武装力量各军区（舰队）财务部门及下属部队财务机关，州兵役委员会及下属区兵役委员会，俄联邦国防部中央军人健康鉴定委员会和各军种、舰队医务部门及下属各军人健康鉴定委员会，负责具体办理有关军人国家强制保险的手续。俄联邦国防部在俄中央银行为军人保险的承保人——军事保险公司开立账户，建立军人国家强制保险的结算手续。对军人及其家庭成员发放的一次性补助金同样是由俄联邦国家预算资金划拨，俄联邦国防部军事预算与财务总局负责确定计算办法。由于养老金保障的类别不同，养老金保障机关也分别设置，自成系统、各行其职。对军官、准尉等人员及其家庭成员的养老金保障由俄联邦国防部、俄联邦内务部、俄联邦法院等制定使用和监督程序，通过军事保险公司办理和支付，运作程序与军人国家强制保险的运作程序相同。俄罗斯军人及其家属享受的养老金虽然都是由国家预算资金予以支付，但联邦安全局等部门人员的养老金由政府机关负责实施；而对士兵、士官等人员及其家庭成员的养老金保障则根据俄联邦《国家养老金法》的规定，由其所在区（市）的居民社会保障处（局）负责办理①。

（二）军人社会保险

目前，俄罗斯依法实行的军人生命与健康国家强制保险，就是一种典型的社会保险。它是由国家出资，并通过立法强制实施的，对象包括：军人、应召参加军事集训的公民、俄联邦内务机关普通工作人员和主管人员及联邦税务警察机关的工作人员。其特点是：在规定的保险范围内，有关人员和单位必须全部参加保险；其保险金额由国家统一规定；保险责任自动产生，不管被保险人是否履行投保手续，凡属承保范围的保险对象，保险责任即自动开始；保险金的支付以交纳的保险费为基础。对军人实行的补偿制度也是

① 王道伟、荆博、聂昕阳编著：《军事后勤战争胜败的强力杠杆》第1版，蓝天出版社2011年版，第57页。

一种基本的社会保障，军人受伤或死亡，除给予保险赔偿金外还给予一次性补助金。此外，俄罗斯军人的养老金保障属于一种基本的社会保障[①]。养老金是作为基本生活来源对退役军人及其家庭成员实施的物质保障。

（三）补充社会保险

补充社会保险主要包括社会援助和个人储蓄保障。近年来在解决军人社会保障问题过程中，俄罗斯社会上出现了许多从事军人社会保障工作的协会、基金会和中心等，这些社会团体在国家财政困难的情况下和军人社会保障力所不及的范围内，给予军人及其家庭成员包括经济资助和社区支援在内的多方面援助，使其得以摆脱困境。此外，俄罗斯国内各保险公司推出一系列商业性军人保险，如从事特殊危险行业的军人特殊行业保险、军人执行一次性艰巨任务专项保险、军人失业保险、军人家庭财产保险、军人养老金补充保险等。这些商业保险涉及国家对军人实行的强制人身保险所未涉及的和无法涵盖的方方面面，是对国家强制保险的补充。商业保险由军人个人出资投保，实际上是一种个人储蓄保障，它在一定程度上与作为社会保障主要组成部分的社会保险紧密相连，同样具有保障经济和社会稳定的作用。

第三节 俄军工资管理机制状况

俄联邦法律规定，对军人、退出现役公民及其家庭成员实行法律和社会保护是国家的职能，除联邦法外，还应在法律和规范法律文件中对上述人员的权利、优待、保障、补偿和社会保障措施及实施的法律机制加以规定。俄联邦法律明确国家权力机关、地方自治机关、联邦普通司法法院和护法机关负责在权限内实施对上述人员的法律和社会保护措施，并明确这也是部队指

① 王道伟、荆博、聂昕阳编著:《军事后勤战争胜败的强力杠杆》第 1 版，蓝天出版社 2011 年版，第 56 页。

挥员（首长）的责任。社会团体也可根据俄联邦宪法、法律和其他规范法律文件协助实施对上述人员的权益保护。

一、军人工资的法律制度保障体系

俄罗斯对军人工资待遇实施法制化保障。1993 年 12 月，俄罗斯颁布了军人《俄罗斯联邦军人优抚金法》，该法共有六章，其中对伤残军人及军人遗属的照顾做出了规定，明确“军人退出现役后，经劳动医务鉴定委员会确认为残废的军官，不受服役年限限制，享受按残废等级计算的退休金。残废等级按致残原因分为两类，每类又分为三等，按等级发放。一类残废金分别为养老金的 300%、250%、175%；二类残废金分别为养老金的 250%、200%、150%”。同时，“军官死亡后，靠其抚养但丧失劳动能力的遗属有权享受抚恤金。对执行军事勤务牺牲者的家属发给 40% 的月工资，非因军事勤务死亡者的家庭中每个无劳动能力成员发给 30% 的月工资。对无人抚养的子女发放抚恤金，由 16 岁延长到 18 岁，上学者到毕业为止，但不能超过 23 周岁。”

1998 年 5 月，俄罗斯颁布了《俄罗斯联邦军人地位法》，法律共有三章，其中第二章主要规定了军人的工资福利。该法律规定，俄罗斯军官可以享受多种福利待遇，其生活的社会保障措施较为齐全，主要有以下方面：①购物优惠。②国家保证向军官提供住房。③免费疗养。④休假和休假补贴。军官每年享有 30 ～ 45 天的基本休假。配偶无工作及子女不满 18 岁的军官休假时，可得到相当于其 6 个月工资的补贴，配偶和子女可得到相当于其 3 个月工资的补助金。⑤病假和病假补贴。军官凭军医委员会诊断书，可休病假，病假期间，可领取数额相当于 4 个月法定最低劳动工资的医疗补贴金。⑥俄罗斯军官除工资外，其他收入免交所得税。⑦军官服役期间实行人身保险。⑧军官出差、调动、休假、治病、转业时可免费乘坐火车、飞机、轮船和汽车（但出租车除外），休假和调动时家属可以享受同一待遇。⑨因公致残、致病不能继续服役或牺牲者，可领取一定数额的补助金。法律规定，合同制军人受伤时，可领取相当于本人 60 个月工资的一次性补助金。合同制军人阵亡时，其家属可得到数额相当于本人 120 个月工资的一次性补助金；义务兵阵亡后发给其家属相当于 60 个月军人最低工资的一次性补助金。⑩军官转业时，有权获得住房。军龄满 20 年以上的军官退役时，他们在地方占用的住房（不开放的军营除外），不论面积及所属单位均可以划为个人财产；服役时间不满 20 年的军官转业，由地方按国家标准在 3 个月内向其提供住房或购买住房所需的资金。

2011 年 12 月 30 日俄罗斯颁布了《俄罗斯联邦军人薪金与补贴法》，不仅对军人工资项目与结构、参照对象、工资标准等内容进行明确，而且对工资立法权限、管理机制、增资机制等进行了规范。

二、军人工资的法律规划程序

俄罗斯军人工资福利的法律规划程序比较规范。以 2011 年 12 月 30 日颁布的《俄罗斯联邦军人薪金与补贴法》为例，依据《俄罗斯联邦宪法》相关规定，俄罗斯联邦的国家权力由总统、联邦议会（联邦委员会和国家杜马）、联邦政府和联邦法院行使。国防部隶属于俄联邦政府，《俄罗斯联邦军人薪金与补贴法》的法律规划程序主要分为以下步骤：国防部社会保障部根据国家安全、社会经济发展的情况，在广泛调研的基础上，起草“俄联邦军人薪金与补贴法”，并将草案交给国防部主管财务的副部长，经国防部内部审议后，由国防部长上报给联邦政府主管社会保障的副总理，副总理对法案进行初步审议后，上报给总理审议，总理在政府专门会议上和各部门专家进行反复讨论通过后，将草案上报给国家杜马审议，主要由国家杜马下设的国防委员会负责审议。联邦政府委员有权出席会议和发言，草案须由国家杜马总数的多数票赞成才能予以通过，并在 5 天内将草案移交联邦委员会审议，主要由联邦委员会下设国防和安全委员会负责会同专家委员会进行审议。如果联邦委员会委员总数的半数以上投票对其表示赞成或者联邦委员会 14 天内未予审议，该法案即视为联邦委员会批准。通过的法案由联邦政府发布命令予以公布。但是，如果是涉及联邦预算问题、联邦税收问题、外汇、信贷和海关调整问题、货币发行问题、批准和废除俄罗斯联邦的国际条约问题、俄罗斯联邦国家边界的地位和保护问题、战争与和平问题则必须由联邦会议审议，最后通过的法案在5天内发送总统签署和公布，总统在14天内签署联邦法律并予以公布。如果总统在联邦会议提交后14天内将其否决，国家杜马和联邦委员会通过俄罗斯联邦宪法所规定的程序重新审议该法。如果在复审中该法案以原来所通过的文本由不少于联邦委员会委员和国家杜马议员总数2/3的多数票予以通过，总统应在7天内签署和公布该法。

三、军人工资的信息管理机制

近年来，俄强力推进强国战略，致力于建设一支体制编制合理、机动性强、装备先进的军队。为保留和吸引优秀的人才，依据《俄罗斯联邦军人地位法》、《俄罗斯联邦军人薪金与补贴法》等法律，相机调整军人工资待遇，保证了军人职业在劳动力市场的竞争优势。国防部军事预算与财务总局在调整工资标准时，主要参考劳动和社会服务部发布的社会人员工资报告，其信息包括：失业人数、就业人数、各行业月份或年度平均工资水平等。此外，俄罗斯许多网站都有各行业工资计算器，其中包括军人工资信息，既便于军人与其他行业进行工资比较，也有利于体现军人工资待遇优越性、增强军人职业吸引力。

第四节　俄军工资管理的特点分析

2012年1月俄罗斯国防部官员表示，俄军保障水平已经进入世界前5名行列，并且计划在2020年前，在考虑地区性差异后，使合同制士兵工资高出全国平均工资的25%。2014年9月，俄军队首度出现了实际募兵人数超过计划征兵人数的情况，显示出军人职业吸引力的回归。军人在俄罗斯已经成为有名望的工作，越来越多的青年想投身军营。

一、工资变革体现并服务于国家战略需求

俄军人工资变革与领导人普京上台后实施的强国战略密不可分。2000年普京临危受命首次出任俄总统时，俄罗斯人心涣散、经济衰弱、民生困顿。在经历世纪之交的动荡之后，俄罗斯结束“后苏联时期”，实现复苏。如今普京再次出任总统，俄罗斯政治稳定、经济上升、民生改善。2012 年年初，俄国内生产总值超过了危机前水平，在八国集团中俄罗斯是经济发展最快的国家。普京在自己的第三个总统任期，计划继续实施强国强军战略。内政上强化权力核心，巩固执政地位；经济上，提出到 2020 年俄罗斯进入世界经济前五强、年人均 GDP 达到 3.5 万美元的目标，力图以能源现代化、“再工业化”、推进创新发展、加速开放远东和发展现代农业五大支柱为依托，促进俄罗斯经济增长和结构转型；外交上，认为国际格局正经历深刻变化，俄罗斯国际环境大为好转，应进一步拓展主动、灵活、务实外交，借世界巨变巩固地区影响、提升国际地位；国防上，俄罗斯先后颁布了新的《俄罗斯联邦国家安全战略》和《俄罗斯联邦军事学说》，明确了主要对手和潜在对手、威胁的性质、所要应对的战争和冲突样式、完成战略任务的基本样式和方法。

在普京第三次就任总统期间，俄军队的待遇也发生了巨大的变化。俄罗斯部队主要是合同制军人，为了吸引广大适龄青年服役，留住军队中优秀的技术骨干，保持军队的稳定，提高战斗力，俄罗斯通过立法多次提高了军人的工资水平。尤其是 2012 年军人工资标准提高后，其工资水平远超过国内各行业平均工资，已与北约东欧国家军人工资水平相当。如军校学员达到 600 美元 / 月，合同制列兵为 800 美元 / 月，上校旅长达到 3,200 美元 / 月。工资涨幅最大的是军队骨干的连级尉官和排级合同制军士，中尉工资从 600 美元 / 月涨到 1,700 美元 / 月，排级军士工资与尉官基本相当。值得关注的是俄军此轮工资上涨，是通过裁撤 20 万名军官和国防部系统内部开源节流的方式实现的，军人涨工资没有多花国家一分钱，达到了精干组织编成和提

升军人待遇的双重效果。

二、实行职务、军衔相结合的基本工资制

俄罗斯军人的组成和其他国家不同，由干部、士兵和合同制军人三大类人员构成，其中合同制军人占有比例较大。俄军基本工资由职务工资和军衔工资组成，职务工资根据俄军编制的岗位设为 50 级，每一级享受相同标准，体现了相同职务、相同责任、相同待遇的导向；军衔工资从列兵到元帅设为 20 级，每一级也设置为固定标准。军人在什么岗位工作、担任什么职务、军衔是什么，就能直接从工资标准中了解到自己的基本工资数额，也能直观预计随着个人职业发展未来能获得的工资收入。同时，实行职务、军衔相结合的基本工资制，也为军人增资提供了双重路径。此外，军人享受的军龄津贴、技能津贴、涉密津贴、法律职务津贴、服役特种状态津贴、保护国家秘密的军龄津贴、地区津贴、特种服役津贴都与基本工资挂钩，根据军人的服役年限、岗位特点、工作环境、技能要求等条件，按基本工资的一定百分比执行，既增强了基本工资在军人工资中的主体地位，也便于津贴补贴的计算和发放。

三、完善的军人工资待遇法律法规体系

在保障军人待遇这一问题上，俄罗斯注重采取法律手段来维护军人的经济权益。1998 年俄罗斯联邦国家杜马制定了《俄罗斯联邦军人地位法》，该法是一部全面、系统规范军人工资待遇和有关权益的法律，如第十二条、十三条规定了军人的基本工资和津贴补贴，共计 15 款，确立了俄军的工资构成，具体数额“按照军人工资基本数额统一标准，由俄罗斯联邦政府根据国防部方案制定”。2011 年俄国防部颁布的《俄罗斯联邦军人薪金与补贴法》更是对军人工资项目与结构、参照对象、工资标准、工资立法权限、管理机制、增资机制等内容进行了详细规范，其中明确“军人职务工资不低于国家

公务员的职务工资，军衔工资不低于国家公务员技能等级工资”。由于俄罗斯联邦公务员处于社会中等收入阶层，这也有力保障了军人群体处于社会中上收入阶层，维护了军人的经济权益和增强了军人的职业荣誉感。

四、工资待遇沿袭苏联优待军人的传统

俄罗斯军队沿袭了苏联对军人的许多优待，《军人、预备役军人和退役军人及其家庭优待法》中都有明确的规定，如定期和超期服役的军人免征未婚税、独身税、少子女税等。此外，还有住房优待、卫生保健优待、交通优待等[①]。

在住房方面，通过逐步实行住房公积金制度，推行“国家住房债券”政策，以及彻底清理军队房地产等举措，以期彻底解决军人住房问题[②]。《俄罗斯联邦军人地位法》规定，“军人转入预备役或退役时，享有在俄罗斯联邦任何居民点永久居住的权利”。退役军官的安置地点，除首都莫斯科外，基本上不加限制。即使到莫斯科安置，条件也很宽松：凡从莫斯科入伍或配偶、父母在莫斯科居住或在莫斯科有住房者，均可到莫斯科安置。退役军官的住房，一般由政府无偿提供。按照政策规定，军龄10年以上的退役合同制军人，在提出住房申请的3个月内地方有关部门应按规定标准提供住房；如地方无法如期按标准提供住房，则应为退役军官及其家属安排临时住房或按租约商定租赁房价付给相当于房租标准的现金。军龄20年以上的军官退役后，有权无偿获得所居地方住宅的所有权。此外，军龄15年以上的合同制军人退役时，将在服役地或选定的居住地得到一块政府无偿提供给其所有或终生继承使用的土地，军龄20年以上者还可免交土地税和自然人财产税。

同时，俄罗斯军人还享有丰厚的医疗和交通优待。军龄满20年的军官退役后，本人及其配偶继续享有在军队医疗系统免费就诊和疗养的权利，每

---

① 钟仁耀主编：《社会保障概论》第4版，东北财经大学出版社2013年版，第255页。

② 李扬阳、王庆林：《俄军加强后勤建设的措施》，《外国军事学术》2006年第11期。

年可到外地疗养一次，并可得到3个月法定最低劳动工资数额的补助金。参加过战争的退役军官及其家属享有医疗和疗养的优先权，已故高级军官的配偶享有医疗和疗养的优惠待遇。军龄20年以上的退役军官根据军医委员会的诊断证明到异地治疗或疗养时，可免费乘坐交通工具往返，其家属也享有同样权利。军官退役时可免费乘坐除飞机以外的各种交通工具，并有权从原居住地向新居住地免费托运20吨个人物品。荣获苏联、俄罗斯英雄称号和光荣勋章的军官退休后，每年可免费乘坐火车双人包间或轮船一等舱或飞机和长途汽车往返一次。

此外，军官还享受丰厚的退役金。军官退役金分为按军龄、残废等级和年龄计算三种模式：一是按军龄计算的退役金。军龄满20年或20年以上者；因年龄、健康和缩编等原因退役，军龄满20年以上、年满40岁者；直接从事飞行、潜艇和扫雷舰工作的退役者，可享受按军龄计算的退役金。二是按残废等级计算的退役金。军官退出现役后经劳动力医务鉴定委员会鉴定确认为残废的军官，不受服役年限限制，享受按残废等级计算的退役金。一类残废金分别为养老金的300%、250%、175%；二类残废金分别为养老金的250%、200%、150%。三是按年龄计算的退役金。根据军官本人意愿，退役时男性年满60岁（残废者55岁）、军龄在25年以上者，女性年满55岁（残废者50岁）军龄在20年以上者，均可领取按年龄计算的退役金，其标准与地方职工相同。

第三章

英国军人工资的状况与特点

英国是由大不列颠岛上的英格兰、威尔士、苏格兰、爱尔兰岛东北部的北爱尔兰以及一系列附属岛屿共同组成的一个西欧岛国。英国（以下简称英）于 1962 年实行募兵制，军队现代化和专业化程度较高，也是目前世界上胜率保持最长久的军队。英国军事工业规模可观、种类齐全、技术力量雄厚，具备独立研制包括战略核武器在内的各种大型武器装备的能力，装备的现代化水平居世界先进行列。2010 年 5 月英国建立了国家安全管理的最高机构——国家安全委员会，并于 10 月发布了国防政策纲领性文件《2010 年战略防务与安全评估》，明确了英国海陆空三军及核力量的未来军备计划，确立了未来大规模裁军的整体基调。由于英国近年来经济持续低迷，公共部门普遍采取限薪政策，这对英国军队的工资和福利的增长幅度产生一定的压力。当前，英军正处于关键的发展转型期，英国政府认为较高的工资待遇能更好地吸引志愿者到军队工作，并着力优化军人工资制度，以提升军队士气。

第一节　英军的工资状况

目前，英国武装力量现役部队兵力为 21.404 万人，其中陆军 11.7 万人，海军 4.45 万人，空军 5.254 万人。英军的人数虽不多，但是一支专业化程度较高的职业化军队，军队的综合实力仍然是世界五强之一。

一、英军工资的项目构成

英国军人的工资主要由基本工资、招募与保留津贴、其他补偿性津贴、军地差别补贴（X 要素补贴）、食宿补贴、退休退伍及伤病身故津贴构成。其中：基本工资为军人工资的主要构成，作为高福利国家，军人的津贴补贴的额度也相当大，占到基本工资的 40% ～ 60%，并且类目繁多。

（一）基本工资

英军的基本工资按人员类别发放，设置了军官、普通士兵、新入伍士兵和从事特定专业的军人（牧师、兽医、飞行员、护士、潜水员和特种部队士兵等）四个系列。不同的人员类别，其基本工资的定级标准也不同。以军官的基本工资为例，其按军衔划分为准将、上校、中校、少校、上尉、中尉和新入伍军校生 7 个工资等级（分别为 OF-6、OF-5、OF-4、OF-3、OF-2、OF-1 和新入伍军校生），每个等级又根据任职年限设定不同的档位，除了最高级别和最低级别的档位值较少（为 4 档或者 5 档）之外，其余军衔级别均设置了 9 ～ 10 个不同的档位。军官基本工资按照军衔级别和档位来确定具体数额。

（二）招募与保留津贴

招募与保留津贴（以下简称 RRP），是支付给特定岗位人员的收入。所谓特定岗位是指那些与地方相关产业的类似岗位存在一定程度的竞争、招募或者保留人才方面长期存在困难且存在一定的人员流失的岗位。例如，英军为飞行、潜艇、特种作战、伞降、高海拔地区工作等 19 个特殊岗位提供该津贴。

招募与保留津贴分为三种类型：一是持久的职业津贴（CCB）。首先岗位需要的特殊技能是个人的第一专长，只要在任职期间，个人符合岗位技能要求就能一直得到这种特殊报酬。二是非连续的职业津贴（NCB）。岗位需要的特殊技能是个人的第二专长，但该岗位承担了核心的任务，只要个人具有这种资质，就能够自由地进入或者退出该岗位，并适时享受该津贴。三是以完成任务为支付基础的津贴（CTB）。岗位需要的特殊技能是个人的第二专长，在完成某一个短期任务时，需要这种特殊专长，当任务完成后，个人不再得到CTB类型的报酬。2014年4月，英军一共提供了17种不同的招募与保留津贴，该津贴的支付总额达到1.1亿英镑，支付次数达到20,600次[①]。

（三）其他补偿性津贴

其他补偿性津贴又称条件性津贴，其综合工作环境、工作条件及对军人身体损伤等因素来发放，目的是补偿军人的超常付出，鼓励军人在特殊岗位、地区工作。比如预备役人员津贴、伦敦地区服役津贴、艰苦工作津贴、北爱尔兰地区服役津贴、地方入伍军官津贴等，主要目的是补偿部分艰苦工作，并鼓励军人在某些岗位和地区工作。以下选取比较有代表性的五种其他补偿性津贴分别予以介绍。

1. 长期分离津贴。其按照实际分离天数来定标准，最低标准为一级津贴，即有效分离280天以内的军人享受；最高标准为十六级，即有效分离达到3,160天以上的军人享受。

2. 实验测试津贴。对于国防部批准的研究项目，比如战地医疗、心理评估、装备测试等项目，这些研究项目对现时和未来作战能力、医疗跟进和后方部署有着重要的支撑作用。如果军人自愿参加这些科学研究实验测试，不管是身体测试还是心理测试，可享受这一需要扣税的津贴。还有一种根据项目特点是一次性发放的实验型津贴。额外超出的时间按照小时发放津贴。

3. 反水雷舰艇环境津贴。由于反水雷舰艇为英国提供了无可替代的安全防卫能力，而舰艇上服役的官兵环境条件较恶劣、工作节奏紧张，且操作舰

① 资料来源：Armed Forces' Pay Review Body, Forty-Fourth Report 2015.

艇的人员短缺，因而设置该项津贴。

4. 恶劣岗位工作津贴。军队中有许多岗位的工作环境比较恶劣，根据工作环境状况将该类津贴划分为三个等级。

5. 不适宜居住环境津贴。北爱尔兰地区环境特殊，由于该地区的安全威胁不断加大，相比于英国其他地区，该地区的生活条件受到诸多限制。因此，针对工作或者居住在北爱尔兰的军人设置该项津贴，目的是补偿军人返乡探亲的路费、特殊车险的成本和由于安全原因迁徙产生的费用等。

（四）军地差别补贴

军地差别补贴又称 X 要素（X-Factor）补贴。它是英军工资的特色项目，1970 年开始实施，主要弥补军人职业的危险性、强制性、单一性和流动性等带来的机会成本。比如与地方工作相比，军人职业具有一定的危险性、军人需要服从纪律和命令、军人驻地经常变化等。军地差别补贴制定主要考虑以下因素：

1. 军人工作流动性。由于军人经常会遇到工作类型和工作地点的更换，导致了与家庭和社会关系的分离。由于居所不定，维持友情和家庭关系困难，军人子女受教育的连续性和稳定性会受到影响，获得医疗和牙医服务困难，对信用评级也会造成负面影响。

2. 对配偶（伴侣）就业的影响。由于军人工作地域的不确定性，会对其配偶或伴侣的就业产生负面有时甚至是有害的影响。比如军人的配偶或伴侣在某一个特定区域很难找到与自己的工作技能、工作经验、职业规划相吻合的职业；甚至为了跟随自己的军人配偶，而放弃自己的职业、接受较低水平的工资、放弃培训甚至是晋升的机会。

3. 军人工作的危险性。军人经常面对暴力威胁，甚至死亡的威胁，且身处由自然、人为或者政治原因所带来的不安全和不舒适的环境中，身体和智力受到短期或者长期的损害。

4. 因分离给军人带来的不利影响。军人经常会由于工作原因而与家人和朋友分离。军人有时会想念家人，或者无法参与处理家庭事务，并且无法按照计划与家人或者朋友一起共度重要时刻。这些都会对军人的家庭生活质量产生影响。X 要素主要考虑的是短期分离（小于 7 天）补偿，长期分离由长期分离津贴来补偿。这些补贴的发放并不考虑军人的婚姻状况。

5. 军人职业的不稳定性。职业的稳定性是指个人能够在同一个组织内（可以是不同的部门）工作很长时间，并且薪资报酬也能够不断增长。军人职业生涯中的未知因素较多，其不稳定性也较为突出。

6. 军人超时工作。普通劳动者每天的工作时长在就业合同里都有体现，对于人员超过正常工作时间的劳动都要发放额外的加班费。而军人则在合同中就明确要求，一年 365 天，一天 24 小时随时待命。

7. 军人职业压力对个人关系以及对工作的负面影响。在军队，个人会因为处理某些问题、困难而产生压力。而且军队缺少资源，仅仅依赖组织，很难缓解这种压力。由于工作性质，军人通常比地方人员经受更大的压力，过度训练或者短期内快速迁移会带来更多额外的压力。这些压力会给服役人员带来短期或者长期的影响。比如军队退役人员在地方寻找工作或者维持就业会存在一些困难。这种长期的工作压力，如果缺乏有效管理，将会对个人的人际关系以及家庭生活带来负面影响。少数人员会产生社交障碍或者精神疾病，导致酗酒、滥用药物、刑事犯罪甚至自杀等后果。

8. 军人休假难保障。军人每年都有 30 天的工作日休假，当然休假又可能会因为军事任务等原因而取消。国防部的政策规定，由指挥官来决定其所属人员是否能够实现完整的休假。由于军事行动的不可预见性，军人不可能按照自己预期或者计划的时间来休假。

9. 军人升职后责任担当大。军人的职业发展有着清晰的目标。升职是对军人个体能力的认可，并且伴随着身份地位和承担责任的同时提升。这包括对团队、资产的责任以及战略和规划的责任。军队相比于民用机构能够为同龄的个体提供更早的晋升机会以及更多的责任。

10. 军人职业约束性强。职业约束性主要用来衡量个人对其直接工作环境的控制程度。一般来说，民用部门的人员在做决策时拥有更多的自由度和灵活性；而军人的工作性质特殊，通常处在一个绝对受控制的工作环境之中。

（五）退休退伍及伤病身故津贴

2005 年英军开始实行新的“军队退休及退伍补贴计划”（Armed forces pension scheme 2005），明确军人可享有退休津贴（55 岁退休人员）、退伍津贴（55 岁以前退伍人员）、医疗补贴（因病退伍人员）、身故后受赡养人补贴（有受赡养人的人员）、身故后指定受益人补贴（无受赡养人的人员）等待遇。

二、英军工资的具体标准

（一）基本工资标准

依据 2015 年 4 月英军军官的基本工资标准（见表 3-1）：英军最高工资级别为准将级别（OF-6），该等级细分为 5 个档次，档差约为 1,013 英镑，最高年工资为 104,198 英镑。OF-5 为上校军衔的工资级别，该等级细分为 9 个档次，档差约为 1,043 英镑，最高年工资为 92,381 英镑。OF-4 为中校军衔的工资级别，该等级细分为 9 个档次，档差约为 1,370 英镑，最高年工资为 80,320 英镑。OF-3 为少校军衔的工资级别，该等级细分为 9 个档次，档差约为 1,220 英镑，最高年工资为 59,191 英镑。OF-2 为上尉军衔的工资级别，该等级细分为 9 个档次，档差约为 930 英镑，最高年工资为 46,660 英镑。OF-1 为中尉军衔的工资级别，该等级细分为 10 个档次，档差约为 1,900 英镑，最高年工资为 33,842 英镑。新入伍军校生所属的级别最低，该等级细分为 4 个档次，新入伍军校生第一年年收入为 13,679 英镑，档差约为 1,800 英镑，最高年工资为 19,040 英镑。此外，无论是皇家海军、皇家空军、皇家海军陆战队，还是陆军，其基本工资标准都是全军统一的。

（二）招募与保留津贴标准

依据 2015 年英军的工资标准，享受招募与保留津贴（RRP）的岗位人员主要包括：

表 3-1　　英军军官基本工资标准

单位：英镑 / 年

军衔	档次	2014.04.01	2015.04.01
OF-6			
海军准将 海军陆战队准将 陆军准将 空军准将	5	103,167	104,198
	4	102,156	103,178
	3	101,158	102,170
	2	100,156	101,158
	1	99,154	100,146
OF-5			
海军上校 海军陆战队上校 陆军上校 空军上校	9	91,466	92,381
	8	90,431	91,335
	7	89,396	90,290
	6	88,365	89,248
	5	87,334	88,207
	4	86,303	87,166
	3	85,272	86,124
	2	84,236	85,079
	1	83,205	84,037
OF-4			
海军中校 海军陆战队中校 陆军中校 空军中校	9	79,524	80,320
	8	78,469	79,281
	7	77,467	78,242
	6	76,448	77,212
	5	72,296	73,019
	4	71,394	72,108
	3	70,491	71,196
	2	69,589	70,285
	1	68,679	69,366

续表

军衔	档次	2014.04.01	2015.04.01
OF-3			
海军少校 海军陆战队少校 陆军少校 空军少校	9	58,605	59,191
	8	57,392	57,966
	7	56,188	56,750
	6	54,980	55,530
	5	53,763	54,301
	4	52,559	53,085
	3	51,342	51,856
	2	50,142	50,644
	1	48,934	49,424
OF-2			
海军上尉 海军陆战队上尉 陆军上尉 空军上尉	9	46,199	46,660
	8	45,674	46,131
	7	45,141	45,592
	6	44,097	44,538
	5	43,043	43,474
	4	41,999	42,419
	3	40,941	41,351
	2	39,888	40,287
	1	38,848	39,236
OF-1			
海军中尉 海军陆战队中尉 陆军中尉 空军中尉	10	33,507	33,842
	9	32,705	33,032
	8	31,912	32,231
	7	31,115	31,426
	6	30,314	30,617
	5	25,220	25,472
	4	22,346	22,570
	3	19,539	19,735
	2	17,950	18,129

续表

军衔	档次	2014.04.01	2015.04.01
	1	16,468	16,633
新人伍军校生	4	18,851	19,040
	3	17,312	17,485
	2	15,474	15,629
	1	13,544	13,679

资料来源：Armed Forces' Pay Review Body, Forty-Fourth Report 2015.

1. 机组人员。按照不同的岗位和服役年限，每天的 RRP 标准为 12.48 ～ 45.58 英镑；非现役的机组成员，每天的 RRP 标准为 7.49 ～ 45.58 英镑。

2. 潜水员。每天的 RRP 标准为 4.36 ～ 33.71 英镑。

3. 潜艇工作人员。每天的 RRP 标准为 5 ～ 27.47 英镑。

4. 核动力推进岗位人员。每天的 RRP 标准为 3 ～ 40 英镑。

5. 跳伞教练。每天的 RRP 标准为 3.68 ～ 11.64 英镑。

6. 从事空中医疗和护航任务人员。每天的 RRP 标准为 7.95 英镑。

7. 炸弹、弹药处理人员。每天的 RRP 标准为 16.88 ～ 28.71 英镑。

8. 医疗护理人员。每天的的 RRP 标准为 2.45 ～ 10.62 英镑。

（三）其他补偿性津贴标准

1. 长期分离津贴标准。按照实际分离天数划分标准，最低标准为一级（有效分离 280 天以内的），每天补贴 6.90 英镑；最高标准为十六级（有效分离达 3,160 天以上的），每天补贴 31.54 英镑，具体见表 3-2。

2. 实验测试津贴标准。参与国防部批准的科研项目的人员，每次补偿 2.78 英镑。还有一次性发放的，如潜水实验津贴，按照等级一次性发放 15.45 ～ 309.19 英镑；额外超出的时间按小时发放津贴，标准为 7.74 ～ 61.84 英镑 / 小时。

3. 反水雷舰艇环境津贴标准。由于反水雷舰艇上服役的官兵所处环境严苛、工作节奏紧张，加之操作舰艇的人员短缺，津贴标准为 3.4 英镑 / 天。

表 3-2　　长期分离津贴标准表

单位：英镑 / 天

等级划分	标准
一级（有效分离 280 天以内）	6.90
二级（281 ～ 460 天）	10.78
三级（461 ～ 649 天）	14.67
四级（641 ～ 820 天）	16.11
五级（821 ～ 1,000 天）	17.34
六级（1,001 ～ 1,180 天）	18.57
七级（1,181 ～ 1,360 天）	19.80
八级（1,361 ～ 1,540 天）	21.66
九级（1,541 ～ 1,720 天）	22.91
十级（1,721 ～ 1,900 天）	24.16
十一级（1,901 ～ 2,080 天）	25.39
十二级（2,081 ～ 2,260 天）	26.63
十三级（2,261 ～ 2,440 天）	27.86
十四级（2,441 ～ 2,800 天）	29.10
十五级（2,801 ～ 3,160 天）	30.32
十六级（3,160 天以上）	31.54

资料来源：Armed Forces’ Pay Review Body, Forty-Fourth Report 2015.

4. 恶劣岗位工作津贴标准。一级标准为 2.59 英镑 / 天；二级标准为 6.33 英镑 / 天；三级标准为 18.71 英镑 / 天。

5. 不适宜居住环境津贴标准。驻扎在北爱尔兰的官兵标准为 7.5 英镑 / 天，其他地区的标准为 3.43 英镑 / 天。

（四）军地差别补贴标准

英军对军地差别补贴（X-Factor 补贴）标准没有固化，而是每 5 年确定大致比例，如 2014 年军地差别补贴（X-Factor 补贴）标准为基本工资数额的 14%。

（五）退休退伍及伤病身故津贴标准

退休退伍及伤病身故津贴的起算标准为退休或退伍前三年内连续 365 天最高工资，即“补贴起算年工资”（Pensionable earnings，PE）。

1. 55 岁之后退休年补贴标准为 PE 的 50%。例如，某军人退休时的补贴起算年工资为 40,000 英镑，则退休年补贴为 20,000 英镑。此外，第一次领取退休年补贴时，可一次性领取额外的 3 年退休年补贴。

2. 55 岁之前退伍年补贴标准按“PE× 服役年数 /70”计算。例如，某军人服役 25 年，补贴起算年工资为 30,000 英镑，则退伍年补贴为 30,000×25/70=10,714 英镑。该补贴需从 65 岁开始领取（可申请提前领取，但标准有所降低）。第一次领取退伍年补贴时，可一次性领取额外的 3 年退伍年补贴①。

3. 医疗补贴标准。医疗补贴发放给因病退伍人员，其计算方法视军人伤病状况而有所不同，概括而言，按照伤病情况分为 3 级计算：1 级标准是因伤病不适于在军队工作，但不妨碍在地方工作的人员；2 级标准是因伤病不适于在军队工作，且在地方工作遇到困难的人员；3 级标准是因伤病完全丧失工作能力的人员。

4. 身故后受赡养人补贴标准。如果军人在服役期间去世，其补贴按照 3 级医疗补贴计算，军人配偶可终生领取最高 62.5% 的 3 级医疗补贴，子女可领取最高 25% 的 3 级医疗补贴，直至其 18 岁或 23 岁大学毕业。如果军人因公殉职，则其配偶可一次性领取 4 倍“补贴起算年工资”，并可终生领取 3 级医疗补贴。

5. 身故后指定受益人补贴。如果身故军人没有配偶或子女，则身故后指定受益人补贴可发放给军人生前指定的任何个人或组织。此外，军人如希望退休或退伍后获得更多的补贴，可自行购买“额外年限”，但标准不能超过“补贴起算年工资”的 15%，年限不能超过 40 年。

---

① 英军退伍、退休津贴最多只可领取 40 年。

三、英军工资的结构状况

由于英军基本工资全军统一，而津贴补贴项目较多且享受对象有明确条件和要求，为便于分析，在此重点分析英军基本工资结构状况。

（一）基本工资的高低比值

英军准将的最高基本工资为104,198英镑/年，新入伍军校生的最低基本工资为13,679英镑/年，军官基本工资的高低比值为7.6∶1。

（二）同一军衔的基本工资档差关系

同一军衔军官最大的档差均值是中尉级别，为1,900英镑；最小的档差均值是上尉级别，为930英镑，见表3-3。相同军衔军官的基本工资档差比较接近，高低比值约为1.2∶1，其中：中尉军官的高低比值达到2.03∶1；准将军官的高低比值为1.04∶1。从同一军衔军官的档差均值来看，军衔较低军官的基本工资档差较大，高低工资比值也较大，这一制度设计对基层军官激励效用明显，具有较强的科学性。

（三）相邻军衔的基本工资级差关系

英军军官基本工资的级差比较适度，呈两头小中间大的状态。基本工资最大的级差为少校向中校晋升阶段，年基本工资的级差为20,254英镑；最小的级差为新入伍军校生向中尉晋升阶段，年基本工资的级差为9,911英镑，具体见表3–3。

表3–3　英军军官基本工资档差、级差分析表

单位：英镑/年

军衔级别	档差均值	平均工资	级差工资	最高最低工资比值
OF-6（准将）	1,000	102,170	13,963	1.04∶1
OF-5（上校）	1,040	88,207	13,648	1.10∶1

续表

军衔级别	档差均值	平均工资	级差工资	最高最低工资比值
OF-4（中校）	1,370	74,559	20,254	1.16∶1
OF-3（少校）	1,220	54,305	11,006	1.20∶1
OF-2（上尉）	930	43,299	16,930	1.19∶1
OF-1（中尉）	1,900	26,369	9,911	2.03∶1
新入伍军校生	1,800	16,458		1.39∶1

四、英军工资的增长机制

英国公共部门正在实施限薪政策，规定公共部门每年工资的平均增幅为1%。英军在分析2014年的工资情况后，确定2015年基本工资整体增幅为1%；对于招募与保留津贴（RRP）的调整，采取了更为灵活的方法，即不按照固定年限来调整标准，而是根据实际需要随时进行津贴的调整。针对存在用人压力的岗位，英军每年出台一系列优惠措施，如补偿性津贴、薪酬安排和“财务保留刺激计划”等。例如，近年由于军地工程师收入反差明显，加之全国工程师紧缺，军队的高级别工程师流失严重。为扭转这一情况，英军引入“财务保留刺激计划”，为工程技术人员提供了许多地方没有的待遇，如军人养老金和食宿方面的补贴。

同时，2014年报告指出军人的生活条件与民用部门相比有一定程度的恶化，因而在2015年针对X要素补贴整体上调0.5个百分点，从占基本工资的14%增长到14.5%；所有等级的军人家庭住房租金补贴增加2.2%；每日食物补贴增加6.5%，从4.43英镑/天增加到4.72英镑/天。

第二节　英国军地间的工资比较

一、英军工资参照对象的选择与标准确定

英国国防部认为虽然在民用领域找到与军人工资进行比较的直接参照物非常困难，但对于军队而言，进行这样的比较是非常必要的，只有确保给军人确实支付了足够多的工资，才能招募、保留和激励军队所需要的高素质人员。但军队人员与民用领域中人员的职位不具有直接可比性，只有通过设定一组通用的标准，对军人或者地方人员所承担角色的各个主要方面进行评估，这样比较才是可行的。这种利用通用标准对工作进行评估的过程通常被称为工作评估或者职业价值测评。

职业价值测评是一种量化评估的方法，通过职业评估系统完成。英军采用的职业评估系统有 7 个通用标准，每一个标准都有完整的描述，并且设置有相应的级别，不同的级别设定不同的分数。针对某一个特定的岗位或者职位，首先在每一个通用标准中选出最适合该岗位或职位的级别进行打分，然后把这 7 个分数加总，由此得到了相应岗位或职位的量化评分，即职业价值。职业评估系统关注的是某一职业的能力和标准，因而能够据此对军地不同的职位或岗位进行比较。

具体来讲，英军进行军地职业的可比性分析通常遵循以下四个步骤。第一步，工作识别。即找到军队中不同的岗位（职位），获取对这些岗位（职位）的详细描述，并在职业评估系统中找到每一个特征所对应的等级级别。第二步，职业评估。依据职业评估系统计算每一个具体的岗位（职位）的得分。第三步，职业匹配。依据职业评估系统找到与军队的岗位（职位）具有相同的职业价值得分的民用领域中的具体的岗位（职位）；并且确保这些岗位（职位）在整个民用领域是具有代表性的。第四步，对军用和民用领域具有同样职业价值得分的岗位（职位）所获取的工资水平进行横向对比。实际操作中，

英军通常把军人分为三类（军官、中士到准尉、兵到下士），然后按类别与工作条件、工作性质相似的地方部门或公司中相应资历、能力的管理者、职员、工人进行对比，对双方的劳动时间、劳动强度、劳动环境、贡献大小及各种有利因素和不利因素进行全面衡量，并在此基础上确定各类军人的基本工资标准。因此，英国军人工资决策部门是以市场工资率作为基本参数，据此作为确定军人工资标准的主要依据。

二、军地平均工资收入比较

利用 2014 年的数据，对军地具有可比性的职位所获取的工资收入进行对比（虽然有些职位在性质上存在较大差异）得到的结论是，2014 年英国军队的工资与民用部门的工资基本持平。对于中初级军官而言，军官基本工资的中位数值与民用部门的中位数值接近。如果是从总收入（包括奖金和奖励工资）来看，中初级军官的总收入在民用部门相应人员总收入的中位数以下，即处于中等偏下的水平。这部分反映出在民用部门大量的经济激励是显著存在的。而对于一些级别较高的军官，他们的工资水平一般比民用部门相应人员要高。同样是考虑总收入情况，高级军官总收入则比较接近民用部门相应人员的中位数水平。如果把军官作为一个整体来看，不管是基本工资还是总收入都比民用公共部门或者民用私人部门要高。然而，军人相比于地方的同类人员来说每天工作的时间要长得多，因而从小时工资来看军队的工资并没有地方的高。

如果把军人的工资与相应级别的民用部门同一年龄段人员的工资进行对比，可以看出随着军人的军衔晋升其工资比地方同类人员工资上升得快。例如，二等兵的工资是在 308 英镑 / 周（一级）和 465 英镑 / 周（七级）之间，这与民用部门同一年龄段人员的平均工资 329 英镑 / 周不相上下；军士的工资在 570 英镑 / 周到 643 英镑 / 周之间，高于民用部门同一年龄段人员的平均工资 562 英镑 / 周；中尉军官工资在 284 英镑 / 周到 577 英镑 / 周之间，也整体高于民用部门同一年龄段人员的平均工资 402 英镑 / 周。

三、军地工资增长水平比较

军官大多数是大学毕业就入伍培养的军校生，少数是非应届毕业生。对于应届大学毕业生群体而言，如果其毕业后选择入伍，那么其入门工资和初期增资情况都比在其他公共部门任职的应届毕业生要好。正如表 3-4 所示，军官入门工资较医生、老师、护士和警察要高，只是低于快速晋升的公务员；第 1 年后，军官工资仅低于医生的工资；而第 3 年后，军官工资已高于其他职业的工资较大比例。

表 3-4　　2014 年公共部门应届大学毕业生工资水平表

单位：英镑 / 年

人员类别	毕业生入门工资	毕业后工资水平	
		第 1 年后	第 3 年后
快速晋升的公务员	27,000	27,250	27,750
部队军官	23,282	27,984	35,862
医生	22,636	28,076	31,838
老师	22,023	23,746	27,650
护士	21,388	22,016	23,825
警察	19,383	22,443	24,483

综上可知，对于军官而言，所有军衔军官的基本工资水平都是具有竞争力的，因为其均高于民用部门相应岗位（职位）的市场中位数水平。其中：上尉、少校和准将级别的工资水平虽然高于地方同类职位的市场中位数水平，但是其高出的比例不到 5%。与地方政府部门同类人员相比，无论是哪一个军衔士兵的工资水平都相当具有竞争力，超出了地方政府部门同类人员的中位数水平。但与民用部门类似的岗位（职位）相比，这种有竞争力的差距有所缩小。而和政府部门收入最高的 25% 的人群相比，最高级别军官的基本工资要明显低于地方政府部门相应人员。这是因为地方企业高级管理人员都拥有较高的年薪，这导致地方政府部门高级管理人员的招募面临着较大的压力。此外，军队内部的工资差距（最高与最低工资的差距）明显要低于

地方政府部门，当军人晋升到更高职位和军衔之后，这种职位晋升带动工资提高所产生的激励效应要明显低于地方政府部门的情况。

第三节　英军工资管理机制状况

一、军人工资的法律制度保障体系

英国政府认为，提高军人工资待遇有利于军队吸引和保留骨干人才，激励军人尽责效力。军人工资标准一般由国家权力机关、行政机关或军队统帅机关以法律法规形式规定，其内容主要包括工资构成、工资标准、发放途径等。为确保国家工资制度的统一性和稳定性，在制定军人工资法律法规时，英国都以国家工资政策为指导，注意与一般公职人员的工资立法相衔接，以避免军人工资制度有失公允。

英国很注重维护军人私人权益，在国防法或有关军人地位的军事基本法中针对军人工资待遇作出了明确规定，以指导专门性的军人工资立法。英国实行公务员制度，军官基本工资参照政府公务员工资制度制定，工资增长机制也是依据公务员（一般使军人收入高于同级公务员 20% ～ 50% 不等）的相关办法实施。并在《军人法》中对军官和士兵的福利待遇都作了原则性规定。

由于军人工资待遇是一项具体而复杂的事项，难以在军事基本法中作出全面规定。所以，英国专门制定了《军人工资待遇法》，对军人工资相关内容作出规范。例如，英国军官工资由基本工资和职业性、岗位性、福利性、地区性津贴补贴构成，基本工资标准大多取决于军衔等级、衔龄、军龄等。在津贴补贴方面，军人明显高于地方公职人员，使得军人的工资收入一般都高于同级公务员 20% ～ 50%，从而保证了整个国家工资制度的公平公正。为全方位保障军人经济社会地位，英国还在《军人地位法》、《军人养老金法》、《国家公务员报酬法》中对军人的社会保障权益作出明确规定。此外，英国还专门制定了《义务兵及其家属保障法》和《军人供应法》，对士兵的津贴、福利等待遇作了具体规定。

二、军人工资的法律制定程序

英国的军人工资法律遵循严密的立法程序。以《军人法》为例，须经过了国防部拟定草案、议会上下两院审议和辩论、议会专门委员会审议、公众参与作证和磋商、议会上下两院通过法案、君主御准法案、法案生效后定期评估实施效果七个阶段，以确保立法经过充分、科学的讨论和论证。同时，法律的立法和辩论过程向社会公开，部分环节邀请社会公众一起参与；议员针对草案条款的辩论和发言完全向社会公开，媒体和公众既可以通过电视转播了解辩论情况，也可以事后在议会网站浏览辩论内容，从而对整个立法过程形成有力监督，也有效防止了立法过程中的腐败问题。此外，在立法过程中，议会常就有关问题邀请专家学者和社会公众参与论证和辩论，并将专家和公众的建设性意见吸纳进来，提高了立法的科学性和有效性。

三、军人工资的信息收集与决策

英国国防部每年都会提供有关工资待遇方面的口头和书面报告，并且对这些独立报告进行定期的更新，以便于对军地工资的可比性进行及时和全面的分析评估。国防部下设军人工资待遇调查的专职机构——人力经济办公室，通过对军事基地、军人家庭进行走访，收集军人工资待遇方面数据，以便及时了解军人工作、生活及家庭关注的问题和所面临的压力。调查机构的薪酬专家每年要访问30多个军事基地，遍布整个英国以及北欧、直布罗陀、肯尼亚和中东地区等海外地区；每年要访谈3,000多名军人，举行300多场讨论会，邀请32个军人家庭进行座谈，采访280名军人配偶，并形成军人工资调查报告。这些调研活动获取的信息和形成的结论均以研究报告的方式体现，值得注意的是每年的调研都会关注一些工资待遇方面的新问题。

英国军人工资的决策权归属于武装力量工资审议委员会和高级工资审议

委员会。在每年春季两个委员会根据国家经济状况、国防预算的可能和军人工资调查报告，向国防部提交调整军人工资待遇的报告，国防部依据该报告每年向国会提出军人工资待遇调整的书面建议。

第四节　英军工资管理的特点分析

英国政府认为，较高的工资待遇，加上较高的附加工资、租房补偿费、一次性补助金等，能更好地吸引志愿者到军队工作。

一、军人工资待遇水平高，利于消除军人后顾之忧

英军 1962 年开始实行志愿兵役制，现在英军已成为完全由志愿兵组成的职业化军队。英军士兵、士官和军官的社会保障种类有：工薪保障、退休保障、物资保障、住房保障、医疗保障，以及退役军人的就业安置。军官的工资比政府同级公务员一般高出 5%，士兵的工资比地方相应的蓝领工人高出 5% ～ 10%。无论军官还是士兵，工资每年都有所增长。英军的津贴和补贴有 10 多种之多，如飞行津贴、服装津贴、燃料津贴、训练津贴等。这些津贴和补助，军官、士官均可享受，其占基本工资的 40% ～ 60%。由于士官大多从事基层工作，点多、面广、高度分散，且夫妻分居者较多，因而士官所获津贴数额一般高于军官。除此之外，军人还享受较大数额的各种补贴。即使退役之后，这些职业化的军人也大多能得到较好的生活待遇和妥善的安置。

二、选择多维工资参照系，确保军人经济社会地位

在市场经济条件下，市场工资率是引导劳动力配置的指示器。为吸引和保留优秀人才，英军工资管理坚持以市场工资水平为标尺，注重提高军人职业在劳动力市场的竞争性。为便于军人与民用领域人员的比较，英军采用职

业评估系统将军官、中士到准尉、兵到下士分别与工作条件、工作性质相似的地方部门或公司中相应资历与能力的官员、职员、工人进行工资对比，作为制定各类军人基本工资标准的重要参考。同时，英军在制定军人工资标准时，还考虑公务员和相关行业人员的工资水平，确保军人处于社会的合理阶层。当前，我军工资标准主要随国家公务员调整，但国家公务员工资制度本身还处于调整改革期，加之“军人工资高于国家公务员工资20%”的政策仅限于基本工资，近年来随着公务员津贴补贴标准的提高，导致现行军地工资比较政策效能大打折扣。因此，我军工资参照系也应选择多维坐标，参照公务员工资水平、市场工资率、相关行业工资水平来综合确定军人工资标准，确保军人的经济社会地位稳步提升。

三、工资结构设置人性化，充分体现军事劳动特性

英军基本工资按人员类别分为军官、普通士兵、新入伍士兵和从事特定专业的军人四个工资系列，有利于体现各类人员的工作性质、劳动特点和贡献形式的差异。每一系列的基本工资结构简单，依据军衔设置工资等级，再在各等级中划分相应档位，标准明确、便于操作。同时，鉴于军人服役的特殊环境与民用部门存在较大的差异，英军设置了特色军人工资项目——军地差别补贴（X要素补贴），用于补偿军人职业一些潜在的无法衡量的差异。军地差别补贴（X要素补贴）并不是对军人在某一时刻或者某种特殊环境的补偿，而是对军人在整个职业生涯中所面临的经常性问题的补偿，体现了工资制度设计的人性化和精细化。例如，工作流动性补贴是补偿军人由于工作类型和工作地点变更导致家庭分离和居所不定、家庭关系和友情维持困难、子女受教育的连续性与稳定性及享受的医疗服务受到影响、信用评级下降等方面的负面影响；危险补贴是补偿军人经常面对暴力、死亡的威胁，及处于不安全、不舒适的环境中所导致身体和智力损害；分离补贴包括短期分离补贴（小于7天）和长期分离补贴，补偿军人因工作原因与家人和朋友分离、无法参与处理家庭事务而对家庭生活质量产生的影响，补贴的发放不考虑军

人的婚姻状况；压力缓解补贴是针对军人过度训练或者短期内快速迁移等因素带来的额外压力给予的补偿；升职责任补贴是为体现军人升职而承担的组织管理职能和财务责任而设置的；管理控制补贴补偿军人在绝对受控制的工作环境中做决策时缺少自由度、灵活性等方面的负面影响。这种工资待遇的一揽子计划再加上相比于地方具有竞争力的工资水平，为保持英国军人的职业竞争力以及解决军人及其家庭的后顾之忧起到较强的辅助作用。我军也应借鉴英军工资制度的设计思路，在基本工资设计上力求结构简单、易于操作，而在津贴补贴设计上则更多从机会成本视角全面考量军人职业的特殊性，保持津贴补贴的项目供给与军事劳动需求趋于均衡。

四、工资待遇设计系统化，吸引保留军队所需人才

《2010年战略防御与安全评估》报告中指出英军改革转型仍将继续，而下一届政府可能会继续实施公共部门限薪政策，这将给军人士气和精神状态带来一些负面影响。当前英国军队仍然处于转型状态中，面临着许多不确定性。但从整体来看，当前英国军队的工资还是极其有吸引力的。不断增长的衔级工资是工资结构的基本特征，新就业模型也保证了工资的增长充满效率；加上考虑全面周到的各类津贴补贴，还有不需要自己支付的养老金，以及正在逐步推进的新建住房合同，这些都解决了军人的后顾之忧，增强了军人的职业优越感。为保持军人职业在劳动力市场的竞争力，英军在工资待遇方面采取了补偿性津贴、薪酬安排和“财务保留刺激计划”等一系列配套措施。例如，针对近年来军队中高级别工程师大量流失的问题，英军实施“财务保留刺激计划”，为工程技术人员提供了军人养老金、食宿补贴等地方没有的待遇，有力吸引和保留了所需人才。我军也包含许多专业门类，在提高基本工资标准和完善津贴补贴体系的基础上，也应关注军地相似行业、岗位人员之间的工资反差，对于部队特别急需人才应根据工作特性和个体需求，设置个性化工资待遇配套制度，以增强工资制度的人力资源配置功能，促使军人个体需求与军队建设要求相统一。

第四章

法国军人工资的状况与特点

法国南临地中海，西临大西洋，战略地位十分重要。作为联合国常任理事国，法国（以下简称法）一直把维护大国地位作为国家战略的核心。法国自1966年7月退出北约以来一直推行独立的防务政策与军事战略，主张加强欧洲内部的防务合作，实现欧洲防卫的独立。1997年以来，法军加快推进军人职业化进程。进入21世纪后，为顺应世界新军事变革的潮流，打造一支“海、陆、空三军联合的现代化军队”，法国国防部不断改革军队体制编制，优化军队结构编成。为增强军人职业的社会竞争力，法国制定了一套体现军人职业特点、内容完备、待遇丰厚的军人工资福利法规，以提高军人的工资待遇，增强军人职业荣誉感。依据法国国防部2005年3月24日下达的《军人基本情况一号法案》，法军成立了军人状况评估高等委员会，其是负责军人工资状况运行管理的专职机构。2010年，军人状况评估高等委员会发布了《法国军人工资状况报告》，重申了各个军种不同职位与工资收入关系的意义，指出法军与欧洲其他各国军队相比，其军人的平均工资水平仍处于中等偏上水平。

第一节　法军的工资状况

法国奉行独立自主的防务政策，1997年开始兵役制度改革，以职业兵役制替代了义务兵役制。目前，法军由陆军、海军、空军和宪兵组成，总兵力约 28.8 万人，其中陆军 16.93 万人，海军 4.949 万人，空军 6.05 万人。法军实行军衔工资制，其军衔设置如表 4-1 所示。

表 4-1　　法国军人军衔划分表

人员类别	军衔等级	具体军衔
军官	将官	元帅、上将、中将、少将、准将
	校官	上校、中校、少校
	尉官	上尉、中尉、少尉、准尉
士官		一级军士长、二级军士长、三级军士长
		上士、中士、下士
士兵		上等兵、一等兵、二等兵

一、法军工资的项目构成

法国自 1948 年公布《国家公务员报酬法》以来，一直对公务员、法官和现役军人统一实行指数等级工资制。因此，研究法国军人工资必须首先充分了解工资指数这一指标，因为它体现了不同类型职位的定位和相应可以获得的工资收入。法国军人的工资由基本工资和军事行动相关性津贴、军事行动非相关性补贴、地区性补贴及业务奖金构成，即工资收入包括基本工资、津贴补贴和业务奖金。然而，如果考虑到不同军种的军人获得的各类津贴补贴和奖金的现实状况，军人实际收入的统计将会复杂得多。

（一）基本工资

《国家公务员报酬法》第二十二条规定，公务员工资额或者根据本人的职称和级别决定，或者根据本人所受任命的职务来决定。军人基本工资大多取决于军衔等级、衔龄、职务及军龄。基本工资实行指数等级工资制，即军人基本工资额按照国家规定的军人个体对应工资指数与当年的指数点值的乘积计算。指数点值每年由政府根据物价和生活费的变动情况而定，而军人个体对应工资指数则与军人的职业生涯发展和军兵种分类有关[①]。法国颁布的《军人普通地位法》中明确规定：军官享受A类国家公务员的工资待遇。自1948年实行指数等级工资制以来，法国一直通过使军官工资指数起点高于A类国家公务员来体现对军人的优待。

（二）津贴补贴

法军通过设置各种津贴补贴项目充分保障军人提供的各种要素都能参与收入分配，其津贴补贴大体可以分成三大类：一是军事行动相关性津贴。其主要针对军人职业的特殊性而设置，根据军人参与的军事行动、拥有的专业技能、承担的工作职责和因参军给家庭带来的机会成本等因素设计津贴项目，具体包括驻外艰苦津贴、军人家庭津贴、航海津贴、潜水津贴、空降津贴、航空津贴、军警特别任务津贴、宪兵特殊津贴和宪兵司法任务津贴等，侧重体现激励性。二是军事行动非相关性补贴。主要用以补偿军人日常任务的花费、一般军务开支、其他一些附属开销及家庭因从军而产生的额外支出等，包括住房补贴、地区补贴、专业任务补贴、专业任务和军事行动超时补贴、子女补贴等，侧重体现保障性。家庭情况是影响军人享受军事行动非相关性补贴的一个重要因素。军人享受的军事行动非相关性补贴和国家公务员的待遇基本相同，但军人的家庭状况则是直接影响他们所获得的补贴项目和数额的重要因素，比如军人离婚或者在前配偶获得子女的监护权之后，他们的此类补贴数额将会大幅下降。三是地区性补贴。其根据地域经济发展水平、自然环境等因素而设置，军人与国家公务员享受相同性质和标准的地区性补贴。

（三）业务奖金

业务奖金（OPEX）是士官和军官享受的特殊项目，在军人工资收入中占比较小，但体现着军人管理绩效，具有较强激励功能，其作用是使军人工

① 王蔚：《法国国家公务员工资及福利待遇述评》，《北京理工大学学报》2005年第4期。

资会随着履行军事行动与任务的变化和完成任务的成效高低而发生显著的改变。这种功能对驻军在巴黎的军官尤为明显，因为巴黎的生活成本高，特别是要付高昂的住房支出，因而军人通常会争取更高的业务奖金。

二、法军工资的具体标准

（一）基本工资标准

在扣除社保、税款后，依据 2013 年法国军人月平均工资的统计数据（见表 4-2）可以看出：三大军兵种和宪兵队的军官的平均工资约 4,400 欧元，陆军军官的平均工资最低，宪兵队军官的平均工资最高，两者之间的最大差额约为 140 欧元。士官的平均工资在不同军兵种之间差距较大，陆军士官的平均工资最高，海军士官的平均工资最低，两者之间的最大差额约为 300 欧元。士兵的平均工资约 1,700 欧元，空军士兵的平均工资水平最低，陆军士兵的平均工资水平最高，两者之间的最大差额约为 200 欧元。军人平均工资的变化是和个人军衔级别直接挂钩，由于掌握的军人的工资数据有限，在此主要从平均工资的差异来进行军兵种之间工资水平的横向比较、军官与士兵之间工资水平的纵向比较。发现有趣的现象是，性别与法国军人的平均收入水平呈现出一定的相关性。如果把男、女军人各看做一个整体，那么从平均工资水平来看，女军人的工资收入要比男军人低不少，说明女性军人的军衔级别普遍要比男性军人的军衔级别要低。这也从侧面反映出，女军人在军队

表 4-2　　2013 年法国军人月平均工资

单位：欧元 / 月

类别	性别		级别		
	男	女	军官	士官	士兵
空军	2,579	1,905	4,455	2,292	1,641
陆军	2,438	2,067	4,384	2,501	1,839
海军	2,428	1,890	4,446	2,204	1,654
宪兵队	4,591	4,025	4,526	—	—
其他	2,597	2,535	4,428	2,379	1,702

的发展受到了诸多的限制，其在军队的晋升空间相比于男性要小得多，这也是世界各国军队普遍存在的现象。

此外，从图 4-1 可以看出，不同类别的军人，其基本工资的分布区间有较大差异。士兵的基本工资水平最低，其次是士官，最高的是军官。士兵月工资的中位数值约为 1,500 欧元，最低级别的士兵月工资约为 1,200 欧元，最高级别的士兵月工资约为 2,400 欧元。士官月工资的中位数值约为 2,400 欧元，最低级别的士官月工资约为 1,500 欧元，最高级别的士官月工资约为 3,200 欧元。军官月工资的中位数值约为 4,000 欧元，最低级别军官的月工资约为 2,400 欧元，最高级别军官的月工资约为 6,800 欧元。由于军官划分的军衔多，其基本工资设计的幅度也最大，最高与最低月工资的差额约为 4,400 欧元。其次是士官，最高与最低月工资的差额约为 1,700 欧元。士兵基本工资设计的幅度最小，最高与最低月工资的差额约为 1,200 欧元。

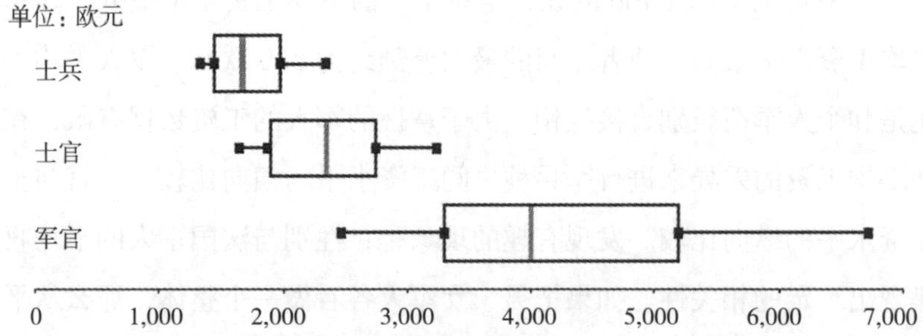

图 4-1　2013 年法国各类别军人基本工资分布图

（二）津贴补贴标准

法军的津贴补贴项目较多，根据与军人职业的相关程度，可以大体分为军事行动相关性津贴、军事行动非相关性补贴、地区性补贴三类。

1. 军事行动相关性津贴。该类津贴与军人参与的军事行动、承担的任务、工作岗位及因军人参加军事行动给家庭带来的机会成本等因素密切相关。军人参与什么样的军事行动，就享受相应的津贴，其享受条件有明确限制，在军人工资收入中所占比重虽不大，但军事特性明显，激励军人勇于履行自身职责。从表 4-3 中所列举的各军衔军人享受的津贴补贴标准来看，除宪兵特殊津贴和宪兵司法任务津贴与军人军衔不挂钩外，其他津贴项目都与军人的军衔、承担的岗位职责高度相关。总的趋势为军事行动相关性津贴与军衔之间呈正相关性，即军衔越高津贴补贴的标准也相应越高。比较特殊的情况是，军人家庭津贴是上校与三级军士长享受同一标准、上尉与二级军士长享受同一标准，这体现了法军在制定具体津贴标准时，对津贴的功能作用有清晰定位，充分考虑军人家庭的实际情况；潜水津贴、空降津贴、航空津贴、军警特别任务津贴等履行具体军事行动时发放的津贴，也注重体现官兵平等，津贴标准差距较小，三项津贴之间的标准也相差不大。此外，宪兵特殊津贴和宪兵司法任务津贴两项目标准与军衔因素不挂钩，参与行动的军人享受同一津贴标准。

表 4-3　　　　军事行动相关性津贴标准表

单位：欧元 / 月

津贴项目	上校	上尉	三级军士长	二级军士长	下士
驻外艰苦津贴	5,702.21	3,958.91	3,688.03	2,687.88	2,111.42
军人家庭津贴	416.73	185.21	416.73	185.21	—
航海津贴	760.29	527.85	491.74	358.38	281.52
潜水津贴	1,189.98	1,189.98	875.13	875.13	703.80
空降津贴	1,051.08	1,051.08	810.30	729.27	682.97
航空津贴	1,333.52	1,319.64	875.13	875.13	703.80
军警特别任务津贴	646.25	659.82	639.26	470.71	—
宪兵特殊津贴	50.00	50.00	50.00	50.00	—
宪兵司法任务津贴	76.22	76.22	76.22	76.22	—

2. 军事行动非相关性补贴。如表 4-4 所示，与军事行动非相关的补贴主要包括：住房补贴、军事任务补贴、专业任务和行动超时补贴、子女补贴等。

（1）住房补贴是与军衔和区域紧密相关的补贴，军衔级别高的军官相应的住房补贴标准也较高；0 区的军人住房补贴标准要高于 3 区。

（2）军事任务补贴。其与住房补贴一样是随着军人军衔的晋升而增加，并且与军事任务发生的区域相关，在 0 区的军事任务补贴标准要高于 3 区。

（3）专业任务和行动超时补贴是针对军人在执行军事任务时超长时间劳

表 4-4　　军事行动非相关性补贴标准

单位：欧元 / 月

补贴项目		上校	上尉	三级军士长	二级军士长	下士
0 区住房补贴（基本工资的 3%）		114.04	79.18	73.76	53.76	42.23
军事任务补贴	0 区	805.57	689.82	349.94	310.49	88.48
	3 区	733.18	627.83	318.50	282.59	88.48
专业任务和行动超时补贴		56.67	56.67	56.67	56.67	56.67
子女补贴	婚内 1 个子女	—	2.29	—	2.29	—
	婚内 2 个子女	110.27	—	84.43	—	—
合计（以 0 区为例，包含住房补贴）		1,086.55	876.96	564.80	423.21	187.38

动的补偿，它与军衔和区域不相关，即若满足补贴享受条件，所有军衔、地区的军人享受相同标准，为每月 56.67 欧元。

（4）子女补贴。它与军人婚内生育子女的个数相关，养育的子女越多，相应获得的补贴也越多，并根据军人家庭实际情况，分别设置了各军衔军人享受的 1 孩或 2 孩的子女补贴标准。

3. 地区性补贴。由于军人属于国家公务员，其享受与国家公务员相同标准的地区性补贴，具体标准由国家每年根据地域经济发展水平、自然环境、物价水平等因素进行调整并发布。

（三）业务奖金标准

业务奖金是对军人执行军事任务和行动的褒奖，具有较强的激励性。如驻地在大都市的军人可以通过执行军事任务而争取到更高水平奖金数额。业务奖金的工资指数通常在 2.1 ～ 2.4 之间，并按军人军衔高低设置了具体标准。

三、法军工资的结构状况

在研究军人工资结构之前，有必要先了解法国军人职业生涯中的几个特征：

（1）除了通过高等专业学院入职的军官，所有的军人都是从合约雇佣军开始他们的职业生涯的。一年之中入职的合约雇佣军人经过几年之后成为职业军人的比例不超过三分之一。

（2）由于要考虑军队强制性的年轻化，在大多数情况下，一个军人的职业期并不足以覆盖整个职业生涯。与此同时，合约雇佣军作为军官的服役时间不得超过 20 年，作为非军官的服役时间不得超过 27 年；几乎所有职业军人的最高服役年龄，根据等级的不同来划分，全部都在 47 岁到 59 岁之间。

（3）合约雇佣军人的职业晋升之路，取决于他们在职业生涯中不同时期资质的获取以及是否能够顺利地通过专业测试。

（4）空缺职位的分配和等级金字塔造成的结果——就是在这个等级分明的机构中，晋升到更高的等级需要经过非常严格的选拔。在通过高等专业学院入职的军官中，差不多二分之一的军官可以晋升到上校的职位，而只有七分之一到十分之一的军官能够晋升至将军的职位。按照相关规章制度的要求，每年可以从校级军官晋升至将军职位的比例是 5%。

（5）在下级军官中，晋升比例在陆军和海军中也不尽相同，晋升至少校的职位在陆军中占比 8%，在海军中占比 1.3%；晋升至军士长的职位在陆军中占比 12%，在海军中占比 7.3%。

从 2007 年起，军人状况评估高等委员会就明确要突出军人工资的一些主要特征，并反复强调这一问题的重要性，指出工资要与军职人员的特殊履历建立联系，以增加军人职业的吸引力和法律规定的预留招聘的职位数量，此举措也大幅提高了现役军官晋升与选拔的比率。

（一）军人工资各项目之间的关系

法军工资包括基本工资、津贴补贴和业务奖金，津贴补贴又可划分为军事行动相关性津贴、军事行动非相关性补贴、地区性补贴。按照人员类别，将军人群体划分为士兵、初级士官、高级士官、初级军官、高级军官、将级军官 6 类，根据法军 2010 年工资标准，各类军人工资项目构成比例状况如图 4-2 所示。

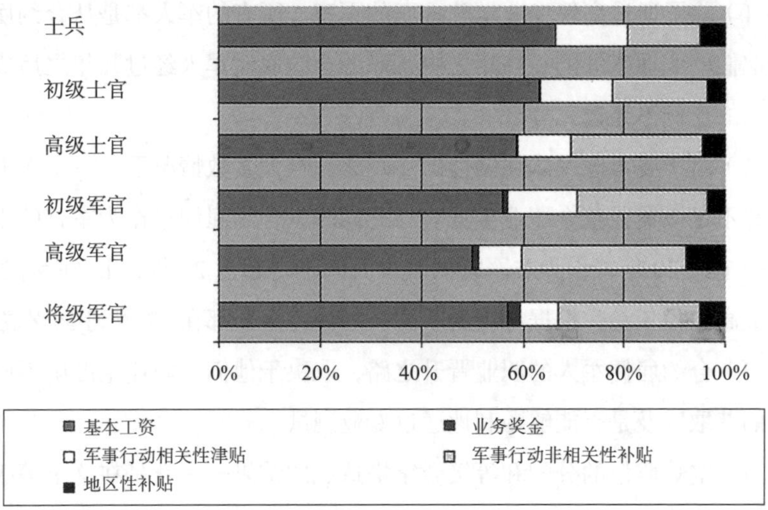

图 4-2 2010 年法国各类军人工资项目结构图

从图 4-2 可知：基本工资是军人工资收入的主体，各类军人的基本工资占工资收入的比例均大于 50%，基本工资占工资收入比例最大为士兵，约占 65%；其次分别为初级士官、高级士官、将级军官、初级军官，基本工资占工资收入比例分别约为 62%、59%、57%、55%；基本工资占工资收入比例最小为高级军官，约占 51%。

津贴补贴是军人工资的重要构成，其占工资收入的比例大体在 49% ～ 35% 之间，高级军官的津贴补贴占工资收入的比例最高，士兵的津贴补贴占工资收入的比例最低。军人的津贴补贴又可划分为三类，具体情况为：

（1）军事行动相关性津贴。该津贴占军人工资收入的比例大体在 8% ～ 20% 之间，初级军官享受的军事行动相关性津贴占工资收入的比例最高，约为 20%；将级军官享受的军事行动相关性津贴占工资收入的比例最低，约为 8%，其反映出军人参与什么样的军事行动、付出何种劳动，就享受什么样的津贴，体现了按劳分配原则和激励性。

（2）军事行动非相关性补贴。该补贴占军人工资收入的比例大体在 14% ～ 32% 之间，高级军官享受的军事行动非相关性补贴占工资收入的比例最高，约为 32%；士兵和初级士官享受的军事行动非相关性补贴占工资收入的比例最低，约为 14%，其反映出军人及家庭的共性需求，体现了军人职业特性和保障功能。

（3）地区性补贴。该补贴军人与国家公务员享受相同标准，其占军人工资收入的比例较低，大体在 3% ～ 8% 之间。高级军官享受的地区性补贴占工资收入的比例最高，约为 8%；初级士官和初级军官享受的地区性补贴占工资收入的比例最低，约为 3%，其反映出驻地经济发展水平和自然环境状况对军人及家庭的影响，兼具激励性和保障性。

业务奖金作为军官和士官特有的一项收入，在工资结构中所占的比重最小，随着军衔的晋升，该项目占工资收入的比重逐渐提高。初级士官和高级士官的业务奖金占工资收入的比例约为 0.5%，初级军官、高级军官、将级军官的业务奖金占工资收入的比例分别约为 1%、1.5% 和 3%。

（二）最高与最低工资比例关系

最高与最低工资比例关系是指军人中最高衔级人员的工资水平与最低衔级人员的工资水平之间的比例关系。考虑到津贴补贴和业务奖金的享受范围有明确条件要求、发放额度有一定弹性，在此重点研究基本工资的最高与最低比例关系。根据图 4-1 所示，选取各类军人的最高与最低基本工资标准进行比较，具体见表 4-5。法军军人的基本工资最高与最低比例[①]为 5.7:1，军官的基本工资最高与最低工资比例为 2.8:1，要高于士官和士兵的最高与最低工资比例。这种设计主要基于三点考虑：一是基本工资是军人工资收入的主体，作用是保障官兵的共性需求，所以各类人员的基本工资高低比例差别不大；二是军官的衔级（共 13 级）多于士官和士兵的衔级，从而拉大基本工资高低比；三是军官的战略职责因素较士官、士兵更加凸显，应从工资差距上合理反映各衔级军人的职责差异，这体现了法军基本工资设计注重公平和突出保障功能。

---

① 选取军官的最高工资与士兵的最低工资进行比较后的数值。

表 4-5　2013 年法军基本工资最高与最低比例关系表

人员类别	基本工资最高与最低比例
士兵	2.0∶1
士官	2.1∶1
军官	2.8∶1
全体军人	5.7∶1

四、法军工资的增长机制

法国军人属于国家公务员序列，其工资增长主要有国家调整工资指数点值、军队专项工资待遇计划和晋升军衔增资三种途径。

（一）国家调整工资指数点值

在法国军人属于国家公务员，根据军人类别，享受与相应类别国家公务员同等的基本工资待遇。在国家公务员行列中，可分为高级、中级、普通公务员，即 A 类、B 类和 C 类公务员[①]，公务员按照不同的档次级别规定工资指数。公务员基本工资确定的基本原则是：社会各个阶层的工资均以国家规定的最低工资标准作为参照，实行同工同酬。最低工资以小时为计量标准，每年根据价格指数、经济发展状况、物价水平等因素适时上调。法国从 1980 年至 2006 年间共进行了 53 次最低工资标准调整，平均每年调整 2 次。公务员基本工资的计算方法十分简单：政府每年确定每个指数等价的货币作为工资指数点值，再乘以各级公务员的指数，就可以准确地计算出基本工资数额[②]。从 1968 年起，国家公务员工资指数点值增长幅度由政府与公务员工会谈判决定。政府谈判代表由法国公职总局和财政部共同组成，每年根据财

① 法国 A 类国家公务员即高级公务员（相当于厅局级以上领导）；B 类国家公务员即中级公务员（相当于科级以上领导）；C 类国家公务员即普通公务员（包括办事员、文员等）。

② 刘植荣：《法国公务员工资仅高出最低工资一倍！——法国公务员工资标准及管理》，《中国改革报》2006 年 6 月 16 日。

政收支和物价上涨等情况，拟定公务员工资指数点值调整方案，以此同公务员工会代表进行谈判和协商，达成的协议经政府批准后实施。如果双方不能就工资指数点值调整方案达成协议，则由政府总理进行裁定后实施。

军人基本工资额也是遵照国家公务员的基本工资计算方法得出，但军人的工资指数起点高于国家公务员，以体现对军人的优待。纵观2010年法国军人工资的总体情况，三大军种和宪兵队的军人税前月平均收入为2,940欧元，扣除社保缴款后的月平均净工资是2,513欧元。从2009年到2010年，无论是税前毛工资还是税后净工资，按当年欧元换算都同比增长了3.2%。考虑到2010年居民消费价格指数增长率为1.5%，按不变欧元计算，税后的军人工资平均增长了1.7%。由于军人与公务员实行同一基本工资指数，国家调整工资指数点值，军人工资也随之增长，使军人群体能及时分享国家经济发展红利，抵消因物价水平上涨带来的工资购买力下降等不利影响。

（二）军队专项工资待遇计划

自2002年起，法军实施了三项与军人工资待遇相关的专项计划。

1. 军人待遇改善计划。主要改善军人工资待遇、生活保障水平和用于补偿军人职业的超长、超强度军事劳动，其中：津贴补贴部分的累计金额为25,350万欧元，军人及家庭社会保障部分金额为1,040万欧元，额外工作时间和军人职业义务部分的奖金额为28,000万欧元。

2. 军人职业化保障基金计划。该项基金是专为增强一些特别专业的军事岗位的吸引力和保持军人职业忠诚度而设立，在军事相关发展规划中明确2003年至2008年的该计划预算金额为17,290万欧元，但实际支出金额在2008年累计为6,880万欧元。这笔资金主要用于保障年轻军人家庭的住房需求。

3. 按职责评定军衔计划。该计划自2004年开始实施，原计划于2013年完成，最后应国防部的要求，于2011年提前完成。该计划初衷旨在调整宪兵队干部比例，使其达到与国家警察相近的干部比例。为此该项计划制定了一些衡量全体军职人员的标准，这一系列标准被称作“国防标准”（MDA-

PAGRE），这些标准主要能让非领导职务军人的工资指数得以提升。2007年根据军人状况评估高等委员会的建议直接催生了提升军衔工资指数的方法。自2008年起，在完成预定计划目标的同时，一些新的特别条款也被付诸实践，提升军衔工资指数相关的方法也开始实施。这项关系到所有类别军人工资待遇的计划，是从提升每个军种相对较低军衔的工资指数开始的，即按照从士兵到士官、初级军官、高级军官、将级军官这一顺序开始改革，最终于2011年完成了所有军人的指数改革。该计划一方面是提升了士兵的起点工资指数，增强了军人职业在劳动力市场的竞争力；另一方面是重点提升初级士官、高级士官、初级军官的工资指数，提高基层官兵的工资待遇，具体见表4-6。在2005～2008年间，该项计划累积花费6010万欧元用于提高官兵的工资待遇。

表4-6　军人工资指数变化情况表——几个典型范例

军人	2008年旧标准	2011年新标准	差别
中校3档	IM717	IM756	39分
上尉4档	IM545	IM586	41分
一级军士长6档	IM405	IM447	36分
三级军士长4档	IM357	IM373	16分

（三）晋升军衔增资

自2007年军人状况评估高等委员会宣布第一批保障军人工资的办法出台以来，军人工资收入一直保持稳定增长的势头。军人职业化进程主要体现在新的军衔（职位）进阶，一般而言军人新的军衔（职位）是和新的工资指数相关联的。由于法军实行指数工资制，各军衔对应相应的工资指数，军衔越高工资指数也越高；反之亦然。因此，晋升军衔是军人工资增长的重要途径。以2009年到2010年的现役军人的工资收入为例，按当年欧元计算，军人人均工资提高了4.1%，其中有2.8%的增长率可以归结为军衔晋升的连带效应。

同时，纵观军队不同类别人员的平均工资指数的演变历程，可以看出随着军人职业化的实施，晋升军衔导致人员间的工资差距在缩小。将 2004 年和 2009 年军人工资标准分别与 1990 年的工资标准对比发现：高级军官工资分别增长了 2.6% 和 6%；初级军官工资分别增长了 6.9% 和 9%；士兵工资分别增长 9% 和 17%。鉴于军人职业的特殊性和军事技能的专业化，晋升军衔不应成为军人职业发展的唯一路径，工资应更全面体现军人工作的价值、职业的特殊性和劳动要素对军队建设发展的贡献率。军人状况评估高等委员会也指出，虽然工资指数制已经作为主要观点被大众接受，但仍应加强对军人工资现实状况的跟踪，吸纳各方意见建议，以利于改革和优化军人的工资制度。

第二节　法国军地间的工资比较

一、法国与欧洲其他国家间军人工资水平比较

军人状况评估高等委员会要求法国与欧洲其他国家之间建立起军人工资水平的横向比较机制，其中一项重要的参考数据来源于英国国防部人力经济办公室[①]定期发布的研究报告。在英国人力经济办公室 2010 年发布的研究报告中，其以法国军人工资水平为基数，以基本工资、军事行动相关性津贴之和为比较对象，选取欧洲各国相应军衔人员工资与法军工资比较后，发现可将欧洲各国划分为两个群体：一是传统盎格鲁—撒克逊民族的国家，如英国、德国；二是其他欧洲国家。按军人工资水平来看，法国应归为后者。从表 4-7 可以看出：法国军人的工资水平总体低于德国、英国军人的工资水平，而更接近如意大利军人的工资水平。从 2004 年到 2008 年，法国士兵和英国、德国、意大利的同行相比，工资差距有所增大；但法国士官、军官与英国、德国、意大利的同行相比，工资差距呈现出缩小的趋势；尤其是 2008 年法

① 人力经济办公室是英国国防部下设负责编撰年度军队薪酬报告的组织。

国的高级军官工资已高于德国和意大利的高级军官工资。

表 4-7　　法军与欧洲不同国家军人的工资[1]水平比较表

法军工资为基数（100）

人员/国家	下士		上士		军士长		少校		上校	
	2004 年	2008 年	2004 年	2008 年	2004 年	2008 年	2004 年	2008 年	2004 年	2008 年
法国	100	100	100	100	100	100	100	100	100	100
德国	110	132	132	122	145	104	114	092	117	088
英国	141	159	179	181	196	178	152	143	167	130
意大利	n.d	138	n.d	118	n.d	103	n.d	105	n.d	073

法国军人状况评估高等委员会同时强调，工资指数评估的方法尚未实施，2004 年指数 100 并不能代表 2008 年指数 100 的等价欧元。总体来说，四国工资数据的比较应该综合理解，而不应在不同的类别栏目中寻找规律。此外，基本工资加上军事行动相关性津贴的比较并不能完全体现各个国家军人的实际工资收入。基本工资和津贴占工资收入的比重、补贴和业务奖金占工资收入的比重、养老金制度、休假权利、家庭赡养福利、社会保障和实际生活条件等同样构成了全面理解欧洲各国军人工资收入对比的因素。

虽然近年来欧盟的军事合作合约使欧洲各国军人共同生活和战斗，但这些不同国家之间还没有确立评估军人工资状况的统一标尺，且这一评估标尺的可靠性最终依赖于各国军人生活条件的公共数据。根据上述的研究，法国军人状况评估高等委员会得出以下结论：法国军人的工资相对低于盎格鲁—撒克逊国家军人的工资，而和欧洲其他国家的军人工资更为接近。尽管如此，除了少数几个国家的士兵工资增长较快，绝大部分欧洲国家军人工资之间的差距都有缩小的趋势。然而，在各国不同的发展环境中，各国军人却在相似的状况下工作，而所获工资又有明显的不同。因此，未来继续深化欧洲各国军人工资的比较研究则显得极为必要。

① 此处工资比较内容为：基本工资＋军事行动相关性津贴。

二、军人与社会其他职业人员的平均工资水平比较

军人状况评估高等委员会考虑到因欧洲各国国情、军情不同，国家之间的军人工资比较难以有同一评估标尺。因此，军人状况评估高等委员会将军人工资和居民工资进行了比较分析，分别从中期和短期发展分析、工资指数、实际工资总额和其他公共机构人员实际工资比较等方面开展研究，所使用的的工资数据是社会各类别职业人员的平均工资。

平均工资虽然有利于整体描绘一个群体的工资收入特征，但却不能反映这一群体中所有个体的多样性，且各群体平均工资也是不同人员层级效应的产物，主要表现在以下两点：一是平均工资水平取决于被比较的群体中人员的资历结构状况。军人平均工资体现其重要组成——中层军官、初级军官、初级士官等的工资特征，这一群体占据半数以上的军队员额；而在私营企业和国家公务员系统（教师除外）中与之对应层级的人员只约占总人数的四分之一。二是平均工资水平取决于各群体的年龄特质。一般而言，军人的平均年龄比国家公务员年轻 10 多岁，而且他们的职业生涯普遍较短暂。例如，士兵的平均工资与 C 类国家公务员的平均工资处于同类水平，而士兵的平均年龄是 25 岁，C 类国家公务员的平均年龄是 43 岁。

图 4-3 将人员按照高层管理者、中层管理者、基层员工划分为三类，从整体上展示了 2009 年军人与社会其他职业人员之间的月平均净工资对比情况，可以看出：在高级管理者类别中，军人的月平均工资水平几乎超过了图中所列的社会职业高层管理者的月平均工资水平，军人基本与私有或半公有企业高层管理者的月平均工资水平持平；在中层管理者类别中，军人的月平均工资水平几乎也超过了图中所列的社会职业中层管理者的月平均工资水平，相比于私有企业中层管理者、医生、教师和公务员等均高出一定比例；在基层员工类别中，军人的月平均工资水平较社会其他职业要低，尤其是低于警察和狱警月平均工资较大比例。整体而言，法国军人的整体工资水平要高于图中所列社会职业人员的工资水平，这反映出军人职业在劳动力市场的

竞争力，当然这一比较结果考虑了军人获得的各类津贴补贴和业务奖金。

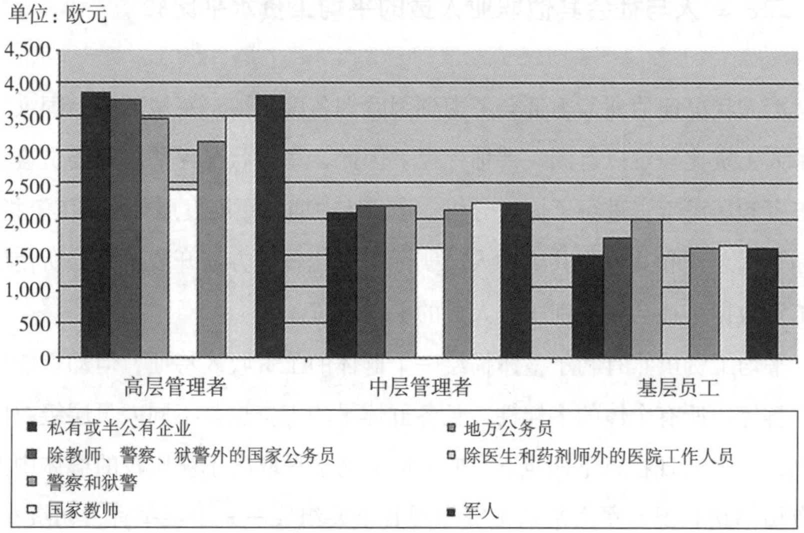

图 4-3 2009 年军人与社会其他职业人员之间的月平均净工资比较图

三、军人与国家公务员的工资水平比较

法国的《军人普通地位法》中明确规定：军官享受 A 类国家公务员的工资待遇。经过多年实践，法国将士官、士兵的工资同 B 类、C 类国家公务员也建立起相应的对比关系。图 4-4 展示了 2006 年、2012 年军官、士官、士兵同 A 类、B 类、C 类国家公务员工资指数对比情况，可以看出：军官的工资指数基本上是参照 A 类国家公务员的工资指数来设置的，2006 年军官与 A 类国家公务员的工资指数完全一致，2012 年两者的最高工资指数相同，但军官的起点工资指数高于 A 类国家公务员。士官的工资指数要整体低于 B 类国家公务员工资指数，2006 年士官工资指数与 B 类国家公务员相差不大，但 2012 年士官与 B 类国家公务员的工资指数差距有所扩大。士兵的工资指数也整体低于 C 类国家公务员工资指数，2006 年到 2012 年士兵与 C 类国家公务员的工资指数差距呈扩大趋势。

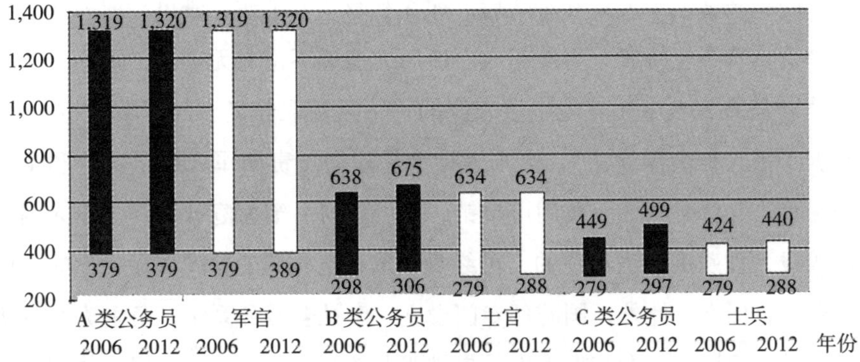

图 4-4　2006 年、2012 年军人与国家公务员工资指数（税前）比较图

军人和国家其他公职人员一样，其工资收入由基本工资、津贴补贴和业务奖金所构成。基本工资指数制体现了整个公务员系列中职位等级的情况，在这一职位等级体系中，每一军衔的军人都能找到与其相应的公务员职位，也便于军人工资与相应级别的公务员工资进行比较来反映军人的经济地位。同时，军人还享受较高标准的津贴补贴和业务奖金，其中津贴和业务奖金是根据军人参与军事行动、履行职责义务多少的变化而变化的。虽然津贴补贴和业务奖金这些强制性工资补偿的目的并不在于此，但这部分强制性补偿却能够使军人的工资收入达到甚至高出与其相应职位公务员的工资水平。由于国家警察和狱警的各级职位属于高等职位，因而法军的平均工资仅低于警察和狱警的工资水平，但要高于其他部门相应职位国家公务员的工资水平，现役军官的工资高出相应职位国家公务员工资的 25% 左右。此外，法国相关法律规定，凡军龄满 15 年、年龄满 50 岁的退役军官每月可领取原工资 80% 的退休金，因而军官的退休金一般比相应职位国家公务员要高一些。

四、军人特有的工资性福利

法国军人实行养老保险、医疗保险（含生育保险）、伤亡保险制度，并建立了军人互助基金。就养老保险而言，军人养老保险金的来源主要为国家财政，军人缴费的比例较小，仅占工资的 7.85%。军人服役时间满 15 年，可享受养老金。军人离开军队后，如在私营企业工作，既可领取养老金，又可享受私营企业待遇。男性军人去世后，遗孀不论有无工作，可终身领取丈夫养老金的 50%；无其他生活来源的，每月领取养老金的下限为 569 欧元。根据《军人社会保险法》，由军人社会保险局负责向军人提供医疗和生育两项保险。生育时的住院费用可报销，另可获得一笔家庭补助费。军人因公负伤致残，且残疾无法治愈的，可终身领取伤亡保险；身体状况恶化的，可提高保险金标准。此外，国防部专门设立一个社会服务系统，负责为军队所有人员及其家属、子女和退役人员提供职业教育、家庭生活、娱乐休假、住房贷款、困难救助等服务。

第三节 法军工资管理机制状况

一、军人工资的法律制度保障体系

法军工资管理有一套层次分明、体系完备的法律法规作依托，保证军人的工资待遇管理活动均依法实施，不受领导人好恶、政治倾向差异等的消极影响，符合国家治理现代化理念下管理活动持续、稳定运行的要求。军人工资的法律法规体系包括总法律、专项法规、实施计划三个层面。一是军人工资待遇相关的总法律，主要包括：《公务员权利和义务章程》、《国家公务员章程》、《军人普通地位法》、《国家公务员报酬法》等。二是军人工资待遇具体的专项法规。针对军人职业的特殊性，法国制定了一系列专门的专项法规，主要包括：《军官和士兵章程》、《公民和军人退休法》、《军人社会保险制度实施法令》以及有关军人再就业、失业保险在内的专项法规[①]。三是军人工资待遇实施计划。近年来，随着军人职业化进程的不断深入，军人工资制度改革不断深化，多项工资待遇相关保障计划陆续实施，例如军人工资待

① 任慧：《法国的公务员制度及其对我国的启示》，《成都行政学院学报》2011 年第 5 期。

遇改善计划、军人职业化保障基金计划和按职责评定军衔计划等。此外，法国强调军事普通法规和特别法规定的改革，将会通过确保更强的选择性来提高军人职业化的透明度和军人的工资待遇。

二、军人工资待遇的实施规划

为增强军人工资制度的可操作性和前瞻性，发挥其对军事人力资源政策的保障和支撑作用，法国在历年《国防安全白皮书》和《军事发展规划》等文件中对军人工资待遇问题进行了专门明确，并实施了军人工资待遇改善计划。

《2008 年国防安全白皮书》指出："武装力量重组将耗时 5 ～ 6 年，计划在国防部门中裁员 54,000 人，其中部队裁员 46,500 人，文职人员中裁员 7,500 人。这次裁员将会出台一些与人员有关的措施。由重组产生的紧缩政策将会被全面地运用到国防领域，要兼顾好国防安全的重要性和重组措施的实施程度。"特别强调："现行的军人养老金制度同时提高了志愿入伍的人员的入伍积极性和忠诚度，并保障了对其离职和转业的承诺。对于军职人员来说，不同的军衔享受不同的工资标准，加上严格意义上的退休制度，有利于军人转业后能有效从事第二份工作，以及保持军事力量的年轻化。"对于中高级军官而言，工资收入应该更多地考虑军官所承担的职责，密切与职位等级的关联性，加大家庭补助和缓解军人家庭两地分居的状况，更好地奖励那些在任期内积极申请更高职位的军官。对下级军官来说，长期来看其对工资水平的诉求更高，新的工资指数将会要求与职责更密切关联，并考虑文凭、技能和职权等因素，用来更好地区分下级军官和士官、士兵的职业发展通道。对士兵而言，新的工资指数将会成为工资水平的有力保障，这是军人职业吸引力的重要因素，特别是对于有专业资质需求的岗位而言。

《2009 ～ 2014 年军事发展规划》中明确规定："人力资源政策——关键在于确保军队可持续、成功地完成现代化和信息化转型，同时促进军队的作战能力生成和军事合约的管理。"军队人力资源改革应遵守以下原则：维持足够的应征入伍人数，以利于促进军队的年轻化并保持军队的作战能力；依据军队的需求，维持职业军人、雇佣军人和作战人员之间的平衡，文职人员侧重于后勤保障、业务管理等专业性支持服务工作。具体到军人工资制度方面，工资指数点值的提升将重点围绕三个方面进行改革：一是加大所有军事人员的保障力度，促进内部安全人员和国民安全保障人员之间的合作。二是凸显现代战争环境下对军人能力素质的高要求，体现军人职业的吸引力和在劳动力市场上的竞争力。三是逐渐与欧洲各国及世界军事强国的军人工资待遇发展前景接轨。

军人工资待遇改善计划着力对军职人员因从军带来的风险性、约束性和机会成本进行补偿，并对军人个体能力的价值更为看重。这一计划的经费来源于国防部的军事薪资经费，计划延续至 2014 年。2009 年军事薪资经费投入高达 8,900 万欧元，2010 年激增到 11,500 万欧元，在 2011 年则为 9,700 万欧元。这一计划主要包括两个方面：一是军职人员待遇改善计划。在 2009 年到 2011 年间落实新的军人工资改革法定措施和实施军人的阶梯式等级工资指数，以更加契合国家公务员的工资待遇改革。二是文职人员的资格核查计划。此外，军人状况评估高等委员应及时评估改革成效并提出意见建议。

三、军人工资制度的运行管理机制

军人状况评估高等委员会在往期的报告中曾建议：当某项涉及国家公务员的政策要相应地在军队中推行时，政策转变、论证和推行准备工作要同时进行，目的是让这些必要的准备工作同时生效。因为，如果一项政策的转变延迟太久而未生效会降低一项优良政策的吸引力。国防部 2006 年 1 月 25 日根据“公务员职业的优化及社会效用的变革”，结合军队实际颁布和推行相关议定书，其实施效果官兵反馈较好。也有一些政策施行并未获得军队认可。例如，保障个人购买力等一些政策在军队人员中就十分受欢迎，而另一些政策如“无补偿假期”[①] 的实施就没有那么受欢迎。

近年来，公务员系统中 50% 的不可替代的退休制度已经开始实施，由此形成了一份记录文件，主要内容包括：工资协议的新框架、公务员体系中工资指数对购买力的保障安排、各类津贴补贴政策、账户时限以及相关政策的改良等。这份记录于 2008 年 2 月 21 日签署后，连同预算计划时间表、国会对国家财政和社保拨款法案的审核记录一起发布。新的法案内容标志着政府重新构架 B 类职位的指数标准，认可其工作价值并提升其工作报酬，依照法国公务员工资协商机制，这个法案最终由代表公务员的四个工会组织和法国医疗联盟共同签署。这项政策从 2009 年到 2011 年逐步在所有公务职位中施行。国防部人员（含文职人员）从 2011 年 1 月 1 日开始享受这项政策待遇;2011 年底，这项政策才在宪兵部队的下级军官中推行。一条法令(2011 年 4 月 13 日的第 2011—388 号法令）通过重新认可军人工作价值提升工资指数等级；另两条法定（2011 年 10 月 10 日的第 2011—1264 条法令和 2011 年 12 月 28 的第 2011—1991 条法令）认可并提升了宪兵中下级军官的新工资指数，少校以下军衔军人的工资指数都得到了提升。这些提升工资指数的措施是分期进行的，2012 年起逐步在其他军种的下级军官中实施，直至 2015 年结束。

国防法令要求在公务员系统中全面实行的工资措施也必须在军队中实行。尽管军人状况评估高等委员会的组建有利于加快法律条款的实施，但该委员会发现 2008 年国家公务员的新层级空间改革计划依旧迟迟未能在军队中实施，考虑到公务员和军人拥有相同的津贴，例如家庭补助和住房津贴，国防部并未给军队带来新的体现军人职业特殊性的津贴补贴。军人状况评估高等委员会建议国防部介入所有由国防部主导的军人工资待遇工作，负责将公务员系统中的制度措施更好地在军队中贯彻施行。

---

① “无补偿假期”是指公务员或军人除了长期病假、因公受伤等情况外，所享有的长假不享受补贴。

第四节　法军工资管理的特点分析

法军工资管理制度根植于国家公务员工资管理制度之中，随着军人职业化进程的推进，军人工资制度的军事特色日益突出，并形成了较科学完备的军人工资管理机制。

一、实行指数等级基本工资制

军人和国家公务员的基本工资实行同一标准的指数等级工资制，其遵循工资分级原则，即通过职务分析和工作分析，估定各职务的工作价值，作为定薪的客观标准。基本工资是军人工资收入中的主要来源，各类别军人的基本工资占工资收入的比例均大于 50%。军官享受 A 类国家公务员的工资待遇，士官、士兵与 B 类、C 类国家公务员的工资待遇也有一定比照关系。军人或国家公务员的基本工资额为国家规定的军人或国家公务员个体对应的工资指数与当年的工资指数点值的乘积，其中：指数点值每年由政府根据物价和生活费的变动情况而定，工资指数由一系列的国家法律法令确立下来。法国一直通过使军官工资指数起点高于 A 类国家公务员，士官、士兵的工资指数整体略低于 B 类、C 类国家公务员工资指数，来体现对军人的优待。实行指数等级基本工资制，不仅管理简单，只要知道军人或国家公务员的工资指数，就能便捷地算出其工资额，而且利于军地工资比较，将军地人员的工资指数比较即可，实施效应如同我国“军队干部工资高于国家机关干部工资 20%”的政策，且全军实行同一工资指数，体现了同工同酬原则。同时，国家每年调整工资指数点值，军人工资也随之增长，使军人群体能及时分享国家经济发展红利，抵消因物价水平上涨带来的工资购买力下降等不利影响，与社会经济指标具有较强的关联性。

二、建立军事特色化津贴补贴

随着法国国家公务员改革的推进，人力资源管理被认为是行政现代化的重要工具，军队也将由“人员管理”向“人力资源开发性管理”转型被看作是一项具有战略意义的选择。与静态的“人员管理”相比，人力资源开发性管理是一种动态管理，这种管理将军人的使用与开发合理地结合在一起，更有利于军人素质的提高与发展。为支撑军队人力资源开发性管理，法军着眼军人职业特性，着力完善了津贴补贴体系。军人的津贴补贴划分界限明确，根据与军人职业的相关程度，将军队特有的津贴补贴大体分为军事行动相关性津贴、军事行动非相关性补贴。军事行动相关性津贴与军人参与的军事行动、承担的任务、工作岗位及因军人参加军事行动给家庭带来的机会成本等因素密切相关；军人参与什么样的军事行动，就享受相应的津贴，其享受条件有明确限制，在军人工资收入中所占比重虽不大，但军事特性明显，激励军人勇于履行自身职责。军事行动非相关性补贴虽与军事行动不直接相关，但体现了军人因从军而面临的约束性、危险性及产生的额外支出，主要补偿军人日常任务的花费、一般军务开支、其他一些附属开销等，其注重保障军人共性需求，并区分军人家庭状况合理设置标准，注重体现保障性。法军的津贴补贴体系设置指向明确，以是否与军事行动相关作为划分标准来设计津贴补贴项目，能有效发挥工资对军人行动的引导功能，支持军队人力资源开发性管理工作，促使军人个体向着军队建设发展的方向努力。

三、形成规范的工资保障机制

法军工资有一整套科学规范的保障体系。首先，军人工资的法律法规层次分明、体系完备。包括《国家公务员章程》、《军人普通地位法》、《法国公务员报酬法》等国家层面军人工资待遇相关的总法律，《军官和士兵章程》、《公民和军人退休法》、《军人社会保险制度实施法令》等军人工资待遇具体的专项法规，军人待遇改善计划、军人职业化保障基金计划和按职责评定军衔计划等军人工资待遇实施计划三个层次，保证军人的工资待遇管理活动均能有法可依，并依法实施。其次，军人工资待遇有具体可行的实施规划。为发挥军人工资对军事人力资源政策的保障和支撑作用，法国在《国防安全白皮书》和《军事发展规划》等文件中对军人工资待遇问题进行了专门明确，并依据军队人力资源发展需求来制定具体的军人工资发展规划，有效完善了军人工资制度，并提高了工资制度的可操作性和前瞻性。最后，设立专职机构负责军人工资的运行管理。依据国防部 2005 年 3 月 24 日下达的《军人基本情况一号法案》，法军成立了军人状况评估高等委员会，其是负责军人工资状况运行管理的专职机构。军人状况评估高等委员会每年发布评估报告，既注重从国际上横向对比法国军人工资与其他欧洲国家军人工资的状况，又细化比较军官、士官、士兵与相应类别国家公务员间的工资状况。此外，针对国家公务员工资改革措施在国防部系统的实施状况，军人状况评估高等委员会及时跟踪调查评估，并提出具体的改进建议。

第五章

日本自卫队人员工资的状况与特点

日本自卫队（日语：自衛隊；英语：The Japan Self-Defense Force，缩写JSDF）是第二次世界大战后至今的日本国家防卫力量。1945年日本（以下简称日）战败投降后，军队被解散，军事机构被撤销。1950年朝鲜战争爆发后，美国基于其自身安全需要，指令日本重新发展军事力量；同年，日本组建"警察预备队"，后改称保安队，1952年成立"海上警备队"，1954年新建航空自卫队，并于7月颁布了《防卫厅设置法》《自卫队法》，将保安队、海上警备队分别改称为陆上自卫队和海上自卫队，将陆、海、空三军正式定名为自卫队，并成立了防卫厅和参谋长联席会议，健全了统帅指挥机构。"防卫二法"彻底改变了保安部队系"警察后备力量"的性质，明确规定了"自卫队"的任务是：保卫国家的和平、独立与安全，使其不受直接或间接侵略。2014年7月，日本内阁强行通过决议解禁集体自卫权，2016年3月28日以解禁集体自卫权为核心的日本新安保法生效。这实际上架空了"永久放弃交战权"的日本和平宪法第九条，标志着日本战后奉行的"专守防卫"政策被抛弃。可以看出：日本长期以来持续推动防卫方针由"专守防卫"向"动态防卫"转变，防卫政策由"安全依赖"向"自主安全"转变，防卫力量由"本土防御"向"海外参与"转变。日本自卫队事实上已成为一支兵种齐全、编制体制完善、武器装备精良的现代化军队（以下简称日军）。随着防务部门在国家安全战略管理体系中地位的不断提高，2017年日本自民党向国会上报提案，要求提高军人工资待遇，确保军队能够招募和保留优秀人才，以应对国家安全战略的改变和国内人口严重老龄化的挑战。

第一节　日军的工资状况

日本《自卫队法》中明确规定：武装力量由现役部队、在军事部门服务的文职人员和预备役部队组成。其中，现役部队分为陆上自卫队、海上自卫队、航空自卫队、联合参谋部、情报本部等，具体人数及变动情况如表 5-1、表 5-2 所示。从两表可见，日军编制员额近年来并未发生太大调整，虽然从数据上看日军兵力仅约有 25 万人，似乎只是很普通的军事力量，但加上其预备役编制员额 47,900 人，以及雪藏于日本工业生产、装备质量、动员能力之中的更强大的日本军力，使得日军蕴含有庞大的军事能量。据外媒统

表 5-1　日本自卫队员额变动情况表

单位：人

军队类别	2015 年末	2016 年末	增减
陆上自卫队	158,938	158,938	0
常备自卫官	150,863	150,863	0
即应预备自卫官	8,075	8,075	0
海上自卫队	45,364	45,364	0
航空自卫队	46,940	46,940	0
共同部队	1,253	1,253	0
联合参谋部	368	368	0
情报本部	1,911	1,911	0
内部局	48	48	0
防卫装备厅	407	407	0
合　计	247,154	24,7154	0
	（255,229）	（255,229）	0

备注：各年度合计栏的下层（ ）内，包含了预备自卫官的人数。

资料来源：2016 年日本防卫预算。

计，日军军力在全球排名第10位[①]，而日军较为完善的工资福利体系则保障了日军潜在的强大军力。

表 5-2　　2015 ～ 2016 年自卫队各军种员额情况表

单位：人

军种	陆上自卫队	海上自卫队	航空自卫队
年平均人员	139,853	42,015	43,259

资料来源：2016 年日本防卫预算。

自日本自卫队组建以来，日本政府一直比较重视武装力量的工资待遇问题，并把它作为吸引人才、提高军队战斗力以及打赢未来高技术战争的重要保障。根据《防卫省职员给予等相关法律》规定：日本军队的军人、文职人员等编制内人员享受工资、津贴及福利等各项待遇。军队的预备役人员、防卫大学和防卫医科大学学生以及临时聘用人员等只发津贴，不发工资。本书在此主要研究日军现役军人的工资状况。

日本自卫队实行军衔工资制，设 6 等 18 级，军官包括将官、校官和尉官三个层次；设立预备军官准尉军衔；士官包括军士长和军士两个层级；士兵分为一等兵、二等兵和上等兵三个层级，具体见表 5-3。在现役自卫队员中士兵发放津贴，军官和士官发放工资。

表 5-3　　日本军人军衔划分表

人员类别		军衔
军官	将官	上将、中将、少将
	校官	上校、中校、少校
	尉官	上尉、中尉、少尉
预备军官		准尉 (1970 年增设)
士官		军士长 (1980 年增设)、上士、中士、下士
士兵		上等兵、一等兵、二等兵

① 引自：http ：//news.sohu.com/20150919/n421593442.shtml.

一、日军工资的项目构成

根据《防卫省职员给予等相关法律》的规定，日军工资收入主要由三部分组成：一是基本工资，约占军人工资收入的 50%；二是津贴，约占军人工资收入的 45 %；三是其他福利，如奖金，约占军人工资收入的 5%。

（一）基本工资

日军的基本工资按军衔级别和薪号（即工资档次）确定，军衔随着职务的变动而变动，职务、军衔和薪号紧密结合。由于日本军官和士官为职业军人，不少军官和士官在同一军衔的服役时间较长，设置的薪号也较多，例如少尉和准尉的薪号高达 145 个，因而下级的基本工资可能超过上级的基本工资。在不调整军衔的情况下，军人每年递增一个薪号，晋升军衔时按略高于原工资的原则确定新的薪号。根据《防卫省职员给予等相关法律》规定，基本工资是军人工资收入的主体。日军各军衔设置的薪号情况具体见表 5-4。

表 5-4　日本各军衔的薪号情况表

<table>
<tr><th colspan="2">军衔</th><th>薪号数量</th></tr>
<tr><td colspan="2">上将和中将</td><td>8</td></tr>
<tr><td rowspan="2">少将</td><td>（一）</td><td>4</td></tr>
<tr><td>（二）</td><td>45</td></tr>
<tr><td rowspan="3">上校</td><td>（一）</td><td>45</td></tr>
<tr><td>（二）</td><td>57</td></tr>
<tr><td>（三）</td><td>81</td></tr>
<tr><td colspan="2">中校</td><td>105</td></tr>
<tr><td colspan="2">少校</td><td>113</td></tr>
<tr><td colspan="2">上尉</td><td>129</td></tr>
<tr><td colspan="2">中尉</td><td>137</td></tr>
<tr><td colspan="2">少尉</td><td>145</td></tr>
<tr><td colspan="2">准尉</td><td>145</td></tr>
</table>

续表

军衔	薪号数量
军士长	141
上士	129
中士	113
下士	73
上等兵	33
一等兵	13
二等兵	9

资料来源：日本法律《防卫省职员给予等相关法律》(2015 年最终修订)。

（二）津贴

日军的津贴是根据工作环境、岗位艰苦程度、对身体的损伤等因素来设计，是军人工资收入的重要组成部分。目前，军人主要津贴有 35 项，大体分为三大类，即日常生活津贴（15 项）、特殊勤务津贴（17 项）和特别任务津贴（3 项），具体见表 5-5。全体军人共享的津贴补贴主要有住房津贴、通勤津贴等。

表 5-5　日本军人津贴项目表

津贴类别	津贴项目
日常生活津贴	工资特别调整津贴、抚养津贴、初任工资调整津贴、地区津贴、住房津贴、通勤津贴、单身赴任津贴、特别地区勤务津贴、寒冷地区津贴、航空津贴、船员津贴、伞兵津贴、航海津贴、营外津贴、季末津贴
特殊勤务津贴	危险品（易爆物品）处理津贴、航空作业津贴、异常气压作业津贴、伞兵作业津贴、驻日美军业务交涉津贴、夜间护理津贴、南极津贴、小笠原津贴、尸体处理津贴、救灾工作津贴、移动警戒作业津贴、夜间特殊业务津贴、航空管制津贴、船舶检查津贴、除雪津贴、驻外地域活动津贴、特别补给支援活动津贴
特别任务津贴	国际维和协作津贴、特种作战津贴、特别警备津贴

津贴的发放标准分两种：一是按相应军衔薪号基本工资的一定比例执行。如规定对陆上自卫队特种作战群所属的应对特种军队攻击的官兵（包括技能训练中的人员），特种警备津贴标准为军衔最低薪号月基本工资的 33 %；

对应付可疑船只的海上自卫队人员，船舶检查津贴标准为军衔最低薪号月工资的 33% ～ 36.4%。二是按固定标准发放。如初任工资调整津贴、单身赴任津贴等根据军人军衔、服役年限和工作岗位等因素一次性发放固定金额。津贴已成为日本军人工资收入的重要来源，占其工资收入比例约 45%。

（三）奖金

日军奖金又称勤奋津贴和期末津贴两项。一是勤奋津贴，它是日军的特色工资项目，其参照地方政府每年年中（6 月）、年末（12 月）发放奖金的办法，每年分三次（3 月、6 月、12 月）向全体官兵发奖金，发放金额按照内阁人事院统一规定实施。通常每年给军人发放的奖金额为 5 个多月个人基本工资，其中：3 月发 0.5 个月基本工资，6 月发 2.2 ～ 2.5 个月基本工资，12 月发 2.5 个月基本工资。二是期末津贴。其相当于考勤奖，主要依据军人的工作时间和出勤率考核发放。期末津贴分两次于每年 6 月 1 日和 12 月 1 日支付。有的军人仅一年的期末津贴和勤奋津贴就几乎相当于其本人半年基本工资的数额[①]。

二、日军工资的具体标准

日军的工资系列、标准及其调整，是依据日本《一般职员工资法》及政府人事院发布的调整工资的“劝告书”，结合军事任务的特殊性，参照国家公务员工资标准特别是国家公务员警察的工资标准确定的。陆上、海上和航空自卫队执行统一的工资标准，军人工资标准略高于警察，比国家公务员高约 17%[②]。近年来日军工资标准基本上每年调整，2015 年日军工资标准见表 5-6。

① 赵俊兰：《军人薪酬的理论与制度》，中国经济出版社 2005 年版，第 116 页。

② 翟刚：《日本国防费管理概况》，国防工业出版社 2010 年版，第 124 页。

表 5-6

2015 年日军各级军人工资标准表

单位：日元

职员类型	军衔	上、中将	少将		上校			中校	少校	上尉	中尉	少尉	准尉	军士长	上士	中士	下士	上等兵	一等兵	二等兵
	薪号	月薪额	月薪额		月薪额			月薪额	月薪额	月薪额	月薪额	月薪额	月薪额	月薪额	月薪额	月薪额	月薪额	月薪额	月薪额	月薪额
			（一）	（二）	（一）	（二）	（三）													
在职员工	1	705,000	705,000	511,800	460,700	448,400	393,900	341,800	314,700	272,600	246,900	238,900	230,300	223,800	223,600	215,000	191,900	176,500	176,500	161,600
	2	760,000	760,000	515,000	463,700	450,400	396,600	344,400	316,900	274,500	248,900	239,900	232,500	226,000	225,800	217,200	194,900	178,400	178,400	163,400
	3	817,000	817,000	518,200	466,700	452,400	399,300	347,000	319,100	276,400	250,900	240,900	234,700	228,200	228,000	219,400	197,900	180,300	180,300	165,200
	4	894,000	894,000	521,400	469,700	454,400	402,000	349,600	321,300	278,300	252,900	241,900	236,900	230,400	230,200	221,600	200,900	182,200	182,200	167,000
	5	964,000		524,700	472,800	456,200	404,800	352,100	323,400	280,000	255,000	242,800	238,900	232,500	232,300	223,600	203,900	184,100	184,100	168,700
	6	1,034,000		527,900	475,800	458,200	407,500	355,000	325,800	281,700	257,000	243,800	240,900	234,500	234,300	225,800	206,600	186,000	185,100	169,700
	7	1,106,000		531,100	478,800	460,200	410,200	357,900	328,200	283,400	259,000	244,800	242,900	236,500	236,300	228,000	209,300	187,900	186,100	170,700
	8	1,174,000		534,300	481,800	462,200	412,900	360,800	330,600	285,100	261,000	245,800	244,900	238,500	238,300	230,200	212,000	189,800	187,100	171,700
	9			537,600	484,800	464,300	415,600	363,500	333,100	286,800	263,100	246,900	246,700	240,300	240,200	232,300	214,500	191,800	188,100	172,800
	10			540,100	487,600	466,200	418,300	366,200	335,600	288,300	265,000	248,900	248,700	242,300	242,200	234,300	216,600	194,100	189,200	
	11			542,600	490,400	468,100	421,000	368,900	338,100	289,800	266,900	250,900	250,700	244,300	244,200	236,300	218,700	196,400	190,300	
	12			545,100	493,200	470,000	423,700	371,600	340,600	291,300	268,800	252,900	252,700	246,300	246,200	238,300	220,800	198,700	191,300	
	13			547,500	495,800	471,800	426,500	374,100	343,100	292,800	270,700	254,900	254,600	248,100	248,000	240,100	223,000	201,000	192,300	
	14			549,000	498,400	473,800	428,800	376,700	345,600	294,300	272,300	256,800	256,600	250,100	250,000	242,100	225,000	203,500		
	15			550,500	501,000	475,800	431,100	379,300	348,100	295,800	273,900	258,700	258,600	252,100	252,000	244,100	227,000	206,000		
	16			552,000	503,600	477,800	433,400	381,900	350,600	297,300	275,500	260,600	260,600	254,100	254,000	246,100	229,000	208,500		

续表

职员	军衔	上、中将	少将		上校			中校	少校	上尉	中尉	少尉	准尉	军士长	上士	中士	下士	上等兵	一等兵	二等兵
类型	薪号	月薪额	月薪额		月薪额			月薪额	月薪额	月薪额	月薪额	月薪额	月薪额	月薪额	月薪额	月薪额	月薪额	月薪额	月薪额	月薪额
	17			553,600	506,200	479,600	435,700	384,400	352,900	298,800	277,100	262,400	262,400	255,900	255,800	247,900	230,800	210,800		
	18			555,100	508,800	481,500	437,700	386,800	355,400	300,400	278,600	264,000	263,800	257,300	257,200	249,900	232,700	212,800		
	19			556,600	511,400	483,400	439,700	389,200	357,900	302,000	280,100	265,600	265,200	258,700	258,600	251,900	234,600	214,800		
	20			558,100	514,000	485,300	441,700	391,600	360,400	303,600	281,600	267,200	266,600	260,100	260,000	253,900	236,500	216,800		
	21			559,600	516,500	487,200	443,700	393,900	3(32,700	305,200	283,100	268,700	268,000	261,600	2(31,500	255,700	238,500	218,700		
	22			561,200	518,400	488,800	445,500	396,300	3(35,100	307,200	284,500	270,100	269,500	263,100	2(33,000	257,100	240,400	220,500		
	23			562,800	520,300	490,400	447,300	398,700	367,500	309,200	285,900	271,500	271,000	264,600	264,500	258,500	242,300	222,300		
在职员工	24			564,400	522,200	492,000	449,100	401,100	369,900	311,200	287,300	272,900	272,500	266,100	266,000	259,900	244,200	224,100		
	25			56,5,900	524,000	493,400	451,000	403,400	372,400	313,300	288,700	274,400	273,800	267,400	267,300	261,400	246,200	225,700		
	26			567,400	525,200	494,800	452,800	40,5,700	374,700	315,300	290,100	275,700	27,5,100	268,700	268,600	262,900	248,000	227,500		
	27			568,900	526,400	496,200	454,600	408,000	377,000	317,300	291,500	277,000	276,400	270,000	269,900	264,400	249,800	229,300		
	28			570,400	527,600	497,300	456,400	410,300	379,300	319,300	292,900	278,300	277,700	271,300	271,200	265,900	251,600	231,100		
	29			571,900	528,600	498,900	458,100	412,400	381,500	321,400	294,400	279,500	279,100	272,600	272,500	267,200	253,300	232,700		
	30			573,300	529,700	499,700	459,400	414,600	383,800	323,500	296,000	280,800	280,400	273,900	273,800	268,500	254,700	233,900		
	31			574,700	530,800	500,500	460,700	416,800	386,100	325,600	297,600	282,100	281,700	275,200	275,100	269,800	256,100	235,100		
	32			576,100	531,900	501,300	462,000	419,000	388,400	327,700	299,200	283,400	283,000	276,500	276,400	271,100	257,500	236,300		
	33			577,300	532,900	502,100	463,200	421,200	390,600	329,900	300,600	284,600	284,200	277,800	277,700	272,400	258,800	237,300		

续表

职员类型	军衔	上、中将	少将		上校			中校	少校	上尉	中尉	少尉	准尉	军士长	上士	中士	下士	上等兵	一等兵	二等兵
	薪号	月薪额	月薪额		月薪额			月薪额	月薪额	月薪额	月薪额	月薪额	月薪额	月薪额	月薪额	月薪额	月薪额	月薪额	月薪额	月薪额
在职员工	34			578,700	533,900	502,900	464,500	423,400	392,700	332,000	302,600	285,900	285,400	279,000	278,900	273,700	260,200			
	35			580,100	534,900	503,700	465,800	425,600	394,800	334,100	304,600	287,200	286,600	280,200	280,100	275,000	261,600			
	36			581,500	535,900	504,500	467,100	427,800	396,900	336,200	306,600	288,500	287,800	281,400	281,300	276,300	263,000			
	37			582,700	536,700	505,100	468,200	429,800	399,100	338,400	308,400	289,600	289,000	282,600	282,500	277,600	264,200			
	38			583,900	537,600	505,900	469,000	431,800	401,300	340,500	310,400	291,100	290,500	284,100	284,000	278,800	265,500			
	39			585,100	538,500	506,700	469,800	433,800	403,500	342,600	312,400	292,600	292,000	285,600	285,500	280,000	266,800			
	40			586,300	539,400	507,500	470,600	435,800	405,700	344,700	314,400	294,100	293,500	287,100	287,000	281,200	268,100			
	41		587,400	540,100	508,100	471,400	437,800	407,800	346,700	316,200	295,700	295,100	288,600	288,400	282,400	269,200				
	42		588,400	541,000	508,600	472,200	439,700	409,900	348,800	318,200	297,600	296,900	290,400	290,200	283,900	270,400				
	43		589,400	541,900	509,100	473,000	441,600	412,000	350,900	320,200	299,500	298,700	292,200	292,000	285,400	271,600				
	44		590,400	542,800	509,600	473,800	443,500	414,100	353,000	322,200	301,400	300,500	294,000	293,800	286,900	272,800				
	45		591,200	543,500	510,000	474,400	445,300	416,300	354,900	324,300	303,300	302,300	295,900	295,700	288,200	274,000				
	46				510,500	475,200	446,900	418,300	356,700	326,400	305,200	304,100	297,700	297,500	290,000	275,200				
	47				511,000	476,000	448,500	420,300	358,500	328,500	307,100	305,900	299,500	299,300	291,800	276,400				
	48				511,500	476,800	450,100	422,300	360,300	330,600	309,000	307,700	301,300	301,100	293,600	277,600				
	49				511,800	477,400	451,700	424,300	362,200	332,700	310,900	309,400	302,900	302,800	295,300	278,800				
	50				512,300	478,100	452,900	42,5,500	364,200	334,700	312,800	311,200	304,700	304,600	297,000	280,200				
	51				512,800	478,800	454,100	426,700	366,200	336,700	314,700	313,000	306,500	306,400	298,700	281,600				

续表

职员类型	军衔	上、中将	少将		上校			中校	少校	上尉	中尉	少尉	准尉	军士长	上士	中士	下士	上等兵	一等兵	二等兵
	薪号	月薪额	月薪额		月薪额			月薪额	月薪额	月薪额	月薪额	月薪额	月薪额	月薪额	月薪额	月薪额	月薪额	月薪额	月薪额	月薪额
在职员工	52				513,300	479,500	455,300	427,900	368,200	338,700	316,600	314,800	308,300	308,200	300,400	283,000				
	53				513,600	480,100	456,600	428,900	370,100	340,700	318,600	316,700	310,200	310,100	302,100	284,200				
	54				514,000	480,700	457,800	429,800	371,900	342,700	320,600	318,500	312,000	311,800	303,800	285,700				
	55				514,400	481,300	459,000	430,700	373,700	344,700	322,600	320,300	313,800	313,500	305,500	287,200				
	56				514,800	481,900	460,200	431,600	375,500	346,700	324,600	322,100	315,600	315,200	307,200	288,700				
	57				515,300	482,600	461,300	432,600	377,100	348,600	326,600	324,000	317,400	317,000	308,800	290,100				
	58					483,200	462,200	433,600	379,000	380,900	328,500	325,900	319,200	318,800	310,400	291,600				
	59					483,800	463,100	434,600	350,300	352,000	330,400	327,800	321,000	320,600	312,000	293,100				
	60					484,400	464,000	435,600	382,800	353,700	332,300	329,700	322,800	322,400	313,600	294,600				
	61					485,000	465,000	436,400	354,500	355,500	333,000	331,700	324,400	324,000	315,300	295,900				
	62					485,500	465,600	437,200	386,300	357,200	336,200	333,700	326,400	325,800	316,800	297,200				
	63					486,000	466,200	438,000	388,100	358,900	338,100	335,700	328,400	327,600	318,300	298,500				
	64					486,500	466,800	438,800	389,900	360,600	340,000	337,700	330,400	329,400	319,800	299,800				
	65					487,000	467,400	439,400	391,600	362,400	342,000	339,500	332,200	331,300	321,300	300,900				
	66					487,500	467,900	440,200	393,200	364,200	343,800	341,200	333,900	332,900	322,800	302,100				
	67					488,000	468,400	441,000	394,800	366,000	345,600	342,900	335,600	334,500	324,300	303,300				
	68					488,500	468,900	441,800	396,400	367,800	347,400	344,600	337,300	336,100	325,800	304,500				
	69					489,000	469,400	442,500	398,100	369,400	349,300	346,200	338,900	337,800	327,300	305,500				

续表

职员类型	军衔	上、中将	少将		上校			中校	少校	上尉	中尉	少尉	准尉	军士长	上士	中士	下士	上等兵	一等兵	二等兵
	薪号	月薪额	月薪额		月薪额			月薪额	月薪额	月薪额	月薪额	月薪额	月薪额	月薪额	月薪额	月薪额	月薪额	月薪额	月薪额	月薪额
在职员工	70					489,500	469,900	443,300	399,400	371,200	351,100	348,000	340,600	339,500	328,700	306,300				
	71					490,000	470,400	444,100	400,700	373,000	352,900	349,800	342,300	341,200	330,100	307,100				
	72					490,500	470,900	444,900	402,000	374,800	354,700	351,600	344,000	342,900	331,500	307,900				
	73					491,000	471,400	44,5,500	403,200	376,500	356,000	353,300	345,800	344,500	333,000	388,700				
	74					491,500	471,900	446,300	404,400	378,300	358,000	355,100	347,500	346,300	334,400					
	75					492,000	472,400	447,100	405,600	380,100	359,700	356,900	349,200	348,100	335,800					
	76					492,500	472,900	447,900	406,800	381,900	361,400	358,700	350,900	349,900	337,200					
	77					493,000	473,400	448,500	407,800	383,800	363,200	360,400	352,700	351,500	338,700					
	78					493,500	473,900	449,200	408,900	385,500	364,900	362,100	354,400	353,100	340,200					
	79					494,000	474,400	449,900	410,000	387,200	366,600	363,800	356,100	354,700	341,700					
	80					494,500	474,900	450,600	411,100	388,900	368,300	365,500	357,800	356,300	343,200					

资料来源：日本法律《一般职员工资法》(2015 年最终修订版)。

三、日军工资的结构状况

（一）同一军衔档差情况

日军军衔设 6 等 18 级，各军衔都划分了一定数量薪号，同一军衔的薪号越多，其最高与最低薪号的基本工资比一般较大，也反映了该军衔等级的工资幅度，其中：准尉和军士长最高，为 1.89∶1；二等兵最低，为 1.07∶1，如表 5-7、图 5-1 所示。

表 5-7　各军衔最高与最低薪号基本工资高低比例表

单位：日元

军衔		薪号数	最高薪资	最低薪资	最高 / 最低
上将和中将		8	1,174,000	705,000	1.67∶1
少将	（一）	4	894,000	705,000	1.27∶1
	（二）	45	591,200	511,800	1.16∶1
上校	（一）	45	543,500	460,700	1.18∶1
	（二）	57	515,300	448,400	1.15∶1
	（三）	81	494,800	393,900	1.26∶1
中校		105	487,000	341,800	1.42∶1
少校		113	467,300	314,700	1.48∶1
上尉		129	444,200	272,600	1.63∶1
中尉		137	439,400	246,900	1.78∶1
少尉		145	437,700	238,900	1.83∶1
准尉		145	435,200	230,300	1.89∶1
军士长		141	423,400	223,800	1.89∶1
上士		129	408,600	223,600	1.83∶1
中士		113	379,000	215,000	1.76∶1
下士		73	308,700	191,900	1.61∶1
上等兵		33	237,300	176,500	1.34∶1
一等兵		13	192,300	176,500	1.09∶1
二等兵		9	172,800	161,600	1.07∶1

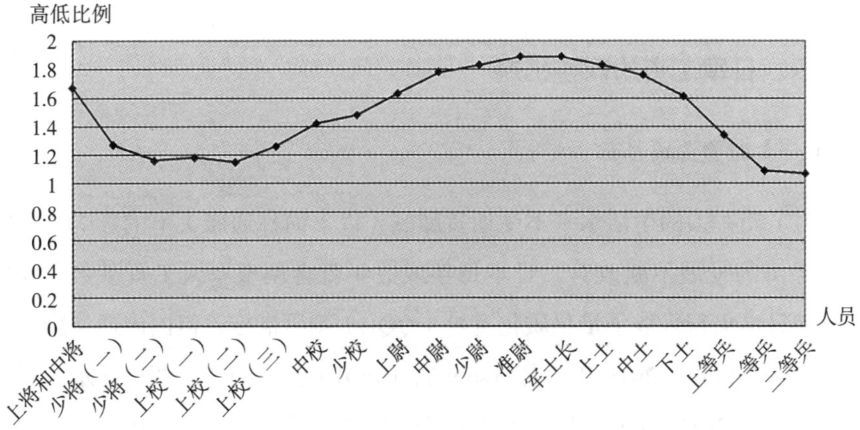

图 5-1　日军各军衔人员最高与最低薪号基本工资比例表

图 5-1 为各军衔的最高与最低薪号基本工资比例的分布图，除上将、中将军衔的最高与最低基本工资比例较高外，其整体变化趋势呈倒 U 形，即两头低中间高，表现为高级军官与低级军士、士兵的比较小，中下层军官、军士长的比较大，其中军士长、准尉军衔的最高与最低薪号基本工资比例达到最大。这一设计，既为基层官兵中的有能力者正常晋升提供了通道，筛选出有能力的官兵，对不适应的官兵实行淘汰；又为部队保留技术骨干开辟了路径，军士长、中初级军官通过增加工资薪号，其工资甚至能超过其上级工资，使中下层军官可以安心服役，为部队保留一批有能力但没有晋升位置的军人。

（二）最高与最低工资差距

日军在体现各军衔军人职责差异的同时，注意控制工资收入的差别。目前，自卫队军官最高（上将军衔最高薪号）工资与士兵的最低（二等兵军衔最低薪号）工资比例约为 9∶1，与军官最低（少尉最低薪号）工资比例约为 6∶1。这一设计既有利于从工资差别上科学体现军人个体的职责与能力差异，体现了效率优先导向，又兼顾了内部工资关系公平考量。

四、日军工资的调整机制

（一）调整工资基数

为了使军人的生活水平不受通货膨胀（以下简称通胀）率的影响，并随国民经济的发展不断改善，日本每年或数年就会调整军人工资基数。2013年以来日本央行采取了量化质化宽松（QQE）刺激措施，但国内通货膨胀率一直徘徊在低位。2016年7月日本央行（BOJ）公布的季度调查显示，居民通胀预期创2013年日本央行采取大规模刺激计划以来最低。在通货紧缩的影响下，2015年日军虽下调了工资基数，但军人工资的实际购买力仍得到提高。

（二）定期提薪

定期提薪是日军工资管理的重要原则，也是理顺军内工资关系的有效机制。日军每级军衔都划分了一定数量的薪号，军人只要工作没有大的失误，每年可上调一个薪号，工资年增长率约3%。军人若军衔得不到晋升，工资可通过提升薪号稳步增长，直至本衔级的最高服役年龄；这为难以晋升的中下级军官提供了稳定的工资增长途径，有利于保持基层部队稳定。同时，日军还按照工资指数化的原则定期与国家公务员同步调整工资标准，以保证军地工资关系协调。

（三）晋升军衔增资

调整工资基数和定期提薪是针对每一名军人的，而晋升军衔是具有选拔性的，只有表现优异、作出相应贡献的军人才能晋升军衔。晋升军衔对军人增资效应最明显，晋升后按高于原工资的原则确定新的薪号，既体现了对军人工作的褒奖，又兼顾了经济激励。

第二节　日本军地间的工资比较

一、日军工资参照对象的选择与确立

日本公务员分为国家公务员、地方公务员和特殊职公务员。国家公务员适用《国家公务员法》，地方公务员适用《地方公务员法》，并在《国家公务员法》和《自卫队设置法》中都明确自卫队员身份为“特殊职公务员”。政府设人事院专门负责对民间收入情况进行调查，以使公务员收入水平与民间收入保持一致。内阁则根据人事院工资调整劝告制定工资调整法案，每年10月左右提交国会审议，通过后即可执行。地方都道府县的人事委员会会在人事院工资调整劝告出台后，参照并根据本地区收入情况，向地方政府提出工资调整建议。在20世纪日本经济高速成长期，地方公务员平均工资水平要高于国家公务员，随后差距逐渐缩小，各有领先的年份。

日本《国家公务员法》规定：决定公务员工资的要素为“生活费用、民间单位工资及其他人事院决定的事项”。根据这一规定，人事院每年都会对国民正常生活费用和民间工资水平进行调查，在制定工资调整劝告时，会对公务员和居民收入进行比较，统计出两者之差，并以民间收入为标准调整公务员的收入，称为“民间标准”。日本军人的工资系列、标准及其调整，是依据日本《一般职员工资法》及政府人事院发布的调整工资的“劝告书”，并根据军队的特殊性，参照国家公务员工资标准特别是警察的工资标准确定的。

二、军人工资与社会平均工资的比较

日本一直延续着男主外女主内的传统，男女分工明确，男性一般负责在外赚钱养家，女性一般在家相夫教子。直到现代受西方自由主义和经济危机的影响，女性才渐渐参加社会劳动，分担赚钱养家的重负，因而总体上女性的平均工资水平远低于男性。图 5-2 反映了日本社会上一般男性与女性的平均工资水平和总体的平均工资水平。图中有两条曲线，实线代表军官不同年龄段平均工资水平，虚线代表士官不同年龄段平均工资水平（此处工资不包含奖金和各种福利）。士官的平均工资水平高于社会总体的平均工资水平，略低于社会上男性的平均工资水平；军官收入明显高于社会总体的平均工资水平，略高于社会上男性平均工资水平。

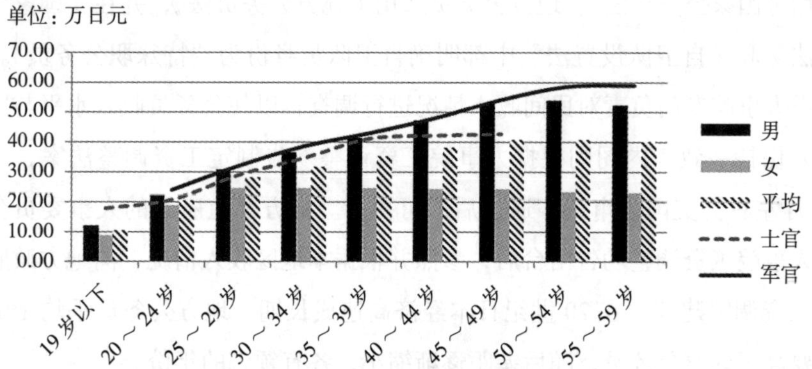

图 5-2　日军工资与社会一般工资收入比较图

三、军人工资与不同职业人员的工资水平比较

从 2015 年《日本统计年鉴》中发布的主要职业人员的工资状况可以看出，国家公务员的平均年工资为 667 万日元，在社会主要职业中名列第二，处于社会的中上收入阶层。根据 2015 年日军工资标准测算，上尉军官的平均年工资为 732 万日元，比国家公务员平均年工资高出约 10%，可见在日本将军人群体定位在社会中上收入阶层，高级军官已进入上等收入阶层（见表 5-8）。

表 5-8 日本主要职业人员的平均年龄、服务年限、工作时间及平均年工资

职业	平均年龄（岁）	平均工作年限（年）	平均年工资（万日元）
国家公务员	44.8	14.8	667
医师	42	13.4	955
大学教授	56.4	12.9	614
大学助教	47	13	494
一级建筑师	50.9	13.8	440
演讲家	44.3	13.3	425
科研人员	37.7	13	421
药剂师	39.1	13.5	416
高校教师	40.9	13.6	391
系统工程师	36.8	13	385
专业工程师	43.8	14	379
化验员	39.4	12.9	372
艺校老师	40.9	13.5	329
测量工程师	44.6	14.3	321
程序师	32.7	13.4	315

资料来源：2015 年《日本统计年鉴》。

四、军人特有的工资性福利

日本自卫队为吸引广大适龄青年服役，采取较高的起点工资，新入伍军人的工资大大高于社会同级别人员的平均工资，但军队内部的工资差别较小。自卫队将领最高工资（上将衔）与士兵的最低工资（二等兵）相差约 8 倍，与军官最低的工资（少尉衔）相差约 3 倍。为鼓励军人努力工作，在晋升后获得相配套的生活待遇，日本自卫队设置了多种渠道补贴并与工资基数建立了挂钩机制。随着工资的增长，各项补贴也相应增长，一定程度上增加了工资的“含金量”。其中由国家和个人出资的并由共济组织实施的保障是日本军人社会保障的主体形式。

按照日本《公务员共济组合法》的规定，日本国家公务员组成统一的共

济联合会（以下简称共济会），军人都是该会的成员。共济联合会的基金由国家和个人各承担50%。会员个人承担的保险费直接从工资中扣除。其主要有：（1）养老金。参加共济会25年以上且年龄60岁以上者，平均月工资（包括工资和津贴，不含勤奋津贴和期末津贴）的0.7‰乘以参加共济会的月数；参加共济会20年以上者，平均月工资的1.5‰乘以参加共济会的月数；参加共济会不满20年者，平均月工资的0.75‰乘以参加共济会的月数。（2）伤残养老金。平均月工资的7.5‰乘以参加共济会的月数（以300个月为限，300个月以上的部分为1.5‰）。因公伤病者待遇增加为平均月工资乘以12再乘以20%。（3）一次性伤残补助金。非因公伤病而退职者享受。300个月以内，平均月工资的0.75‰乘以参加共济会月数；300个月以上，平均月工资的1.5‰乘以参加共济会月数。（4）遗属养老金。会员死亡后由其家属领取，遗属的顺序为配偶或子女、父母、孙子女、祖父母。具体标准为：300个月以内，平均月工资的7.5‰乘以月数之额的3/4；300个月以上，平均月工资的1.5‰乘以月数之额的3/4。

经过多次的调整与改革，日本已建立了一套比较完善的军人退役待遇制度，从而确保军人退出现役后也能享受各种福利待遇，在非个人原因离开现役的情况下也能获得较高工资，生活待遇不会下降。根据有关规定，凡符合退役年龄和其他退役要求的军官和士官可享受四种退役待遇：晋升工资、退役津贴、退休年金和退役补助金。

第三节　日军工资管理机制状况

一、军人工资的法律制度保障体系

日军工资法律制度保障体系十分完备，大体可分为总法、专项法律和实施法规。

（一）军人工资的总法

由于《国家公务员法》和《自卫队设置法》中都明确规定自卫队员身份为“特殊职公务员”，因而日军工资调整也遵循日本《宪法》中的明确规定。日本《宪法》规定：公务员是“全体国民的服务者”，履行职责时必须秉持中立与公正。为保证加入国家公务员队伍人员的可靠性及公务员人事的公正性，日本设有人事院，作为第三方机构专门负责对国家公务员人事进行管理。人事院直属内阁，除组织录用考试、制定任免标准外，向国会和内阁提出调整国家公务员工资建议也是其一项重要任务。人事院由 3 名人事官以合议制的方式进行管理，人事官任命方式与大臣相同，须经国会同意，并需天皇认证。

日本公务员总计 350.2 万人，地方公务员适用《地方公务员法》；从事一般行政事务的国家公务员称为一般职务国家公务员，适用《国家公务员法》。此外，如总理、大臣、大使、法官、国会议员、自卫队员、海上保安官、税务职员等，属特殊职国家公务员，不适用《国家公务员法》，分别由各自相应的法律制度保障。国家针对自卫队设置了专门的《自卫队设置法》，对各类现役军人、文职人员、预备役人员的工资待遇等作了原则性规定。

（二）军人工资的专项法律

1975 年日本颁布第一部关于自卫队职员待遇法令《防卫省职员给予等相关法律》（现称旧法），1994 年进行了一次大调整，颁布了新法《一般职员工资法》。在《一般职员工资法》中规定了日本自卫队自卫官工资制定参考对象、标准、项目构成、非货币福利待遇享受标准及条件、工资发放方法及流程、特殊情况处置办法等一系列与军人工资待遇相关的事宜。

（三）军人工资的实施法规

日本十分重视军事武装力量的发展，自二战后建立新的武装力量——自卫队以来，先后颁布多部法律，使军事人员在生活待遇问题上有一整套详细的法律法规作保障。日本政府会根据国际国内形势、经济状况定期依据工资调整“劝告书”来调整工资待遇，保证军人的工资收入不贬值和生活条件不降低。

二、军人工资的信息调查制度

日军工资水平的制订与修改，首先考虑民间企业同类人员的工资水平（包括月薪和各种津贴），由政府成立中立的专门机构，以各类市场工资调查报告为参考，于每年5月初开始用约1个月时间，对民间企业职员工资水平的现状进行一次详细调查。人事院通过分层系统无差别抽样法选择具体企业作为调查对象，调查包括“民间单位分类调查”和“从业人员分类调查”，前者调查对象是50人规模以上的民间单位，调查内容除了工资的各项内容外，还包括对决定工资有重要影响的工作种类、职务、学历、年龄和工作地区等因素；后者调查对象是从事类似公务职业的从业人员（包括自卫队员的工资情况），随机从民间单位中选出，调查内容是4月份工资情况。同时，每年1月人事院还对全体一般职务国家公务员的工资进行调查，调查内容包括官署、职务、经历、工资及各种津贴等。最后，人事院将上述各调查结果按工作种类、职务、责任、工作地区、资格学历等工资决定因素，对民间企业职员和一般职务国家公务员分类分组，计算出两者间的工资差距；并按照军人工资待遇高于同级别一般职务国家公务员的原则，经内阁讨论后，形成军人工资的调整方案[①]。

三、军人工资的调资程序

日本公务员分为三大类：地方公务员、国家公务员和特殊职公务员。内阁直属的人事管理机构人事院主要负责管理国家公务员工资事务。人事院每

① 张力：《我国公务员工资收入决定机制转换——理论与实证研究》，北京交通大学2007年，第129页。

年对民间收入情况进行调查，根据调查结果，8 月份向国会、内阁提出国家公务员工资调整“劝告书”，以使公务员收入水平与民间收入水平保持一致。内阁则根据人事院工资调整“劝告书”制定工资调整法案，10 月左右提交国会审议，通过即可执行。

人事院不负责地方公务员和特殊职公务员，自卫队员的工资调整由防卫省人事委员会在人事院工资调整“劝告书”出台后进行参照并根据基数向上浮动一定百分比，向防卫省提出工资调整建议，防卫省则根据人事委员会建议，并参考内阁制定的调整法案，制定防卫省的工资调整方案。防卫省的工资调整计划一般都在年底完成。

四、军人工资的日常管理

（一）军人工资发放前的准备工作

1. 由会计队长根据工资支付机关的通知编制职员工资类别簿，并负责保管。

2. 中队（工资支付单位）的人事管理员根据有关规定编制工资计算资料，按期向会计队长报送。

3. 中队人事管理员，在规定的支付日期编制各类人员工资明细表，经中队长审查后，在当日内报送会计队长。

4. 会计队长在编制标准工资簿及工资明细表时，除按有关规定的工资支付单位、工资支付时间编制外，还按中队指定日期支付（正常支付）和非指定日期支付（临时支付）的分类编制。

（二）军人工资的发放手续

自卫队职员的工资支付由出纳员负责，出纳员先从工资预付员处领取工资，然后向职员个人发放。具体发放手续是：出纳员向会计队长领取标准工资簿后，该工资簿必须获得中队长的证明；出纳员持上述标准工资簿，向工资预付员领取工资与工资支付明细表，然后向个人发放；发放工资后，经中队长证明，出纳员将工资簿退给会计队长。

（三）军人工资发放的具体规定

1. 每月 18 日是正常工资发放日，如果 18 日是星期天，就改在 17 日。

2. 符合下列其中的一条，而且长官认为特别有必要时，其月工资可分两次发放（每次各发一半）。两次发放的具体日期由长官决定。如：官署所在的地区受到震灾、风灾、火灾、水灾以及类似的灾害时；为完成负责的任务有特别的需要时。

3. 在工资发放日的第二天至下一个发放日的前一天，在此期间新任命的官员或军人离职以及死亡时，不执行正常的发放日的规定，而是立即发给工资。

4. 发工资机关对奉命长期航海以及其他有特殊情况的军人，在事先得到长官或其委任人员的许可后，即可提前发工资（不得超过一个月），提前发放的金额最多为本人一个月的工资。

5. 军人在发放日所属的发放期间的中途，因工作调动，本人所属的发放机关改变时（长官规定时除外），下达命令前的工资由原单位的发工资机关发给，自下达命令后之日起的工资由新单位的发放机关发给。

第四节　日军工资管理的特点分析

日本自卫队实行募兵制，军人工资法规是依据政府人事院颁发的《一般职员工资法》，结合自卫队任务的特殊性而制定的，由于日本自卫队军人的军衔与职务挂钩，职务的提升已经在军衔中得到体现。近年来，为适应职业化军队的要求，日本给予军人优厚的工资福利待遇。

一、基本工资薪号多

如表 5-4 所示，日军每级军衔都设置了数量较多的薪号，这使得下级的基本工资可以超过上级的基本工资，并在确保军人维持生活需要的基础上控制工资待遇的差别。目前，自卫队将领最高工资（上将衔）与士兵的最低工资（二等兵）相差约 8 倍，与军官最低（少尉衔）相差约 3 倍，是世界上军人工资差别最低的国家之一。因此，实行职业军人制度的日本自卫队军人能长期安心服役且保持较高的工资待遇，这一公平价值理念水平不仅表现为与军队体制内部的工资水平比较，也表现为与地方普通行业和公务员等职业的工资比较。

二、津贴项目覆盖全

日本自卫队的工资设计充分考虑军人职业的特殊性，除基本工资外，各种津贴名目繁多。针对不同的工作环境、工作性质设有相应的津贴项目，使军人的工资收入有较大幅度的增加。随着军队的现代化和专业化程度的提高，以及遂行任务的扩展，日军还扩大了一些津贴的发放范围。例如，根据反恐任务的形势与需要，先后扩大了“驻外地域活动津贴”、“航空作业津贴”、“夜间特殊业务津贴”等多项津贴的发放范围。近年来，日军还为现役军人和文职人员增加了多项津贴，如针对国际维和活动，新设置了“国际维和协作津贴”等多项津贴；针对应付特种军队攻击和可疑船只而制定的“特种作战津贴”。这些津贴，对于提高军人生活水平和稳定军心都起到了重要的作用。此外，军人的各项福利待遇优厚。各种福利待遇无形中减少了军人的经济负担，解除了军人的许多后顾之忧。在日本，医疗费和房租是家庭开支中较大的两个项目，军人在这两项开支中均享有较高的优待。

三、军人工资标准高

军人工资适当高于同级国家公务员工资。鉴于军队调动比较频繁，常年处于战备执勤状态，又没有地方上的加班费，军人每天工作时间按 14 个小时计算。除了通常按每天 8 个小时计酬外，其余 6 个小时按加班费计入工资。而日本公务员的工资标准，根据国内民营企业平均工资水平的变动每年进行微调，其基本工资大约相当于同等学历或具有相同社会经验的人担任其他职业平均工资的1.5倍左右。军官工资收入明显高于地方同级公务员20%～50%不等，有的甚至高出一倍。由于军官职业比较特殊，流动性大，工作艰苦，工资标准高有利于军队的稳定。与国家公务员相比，自卫队军人的待遇不仅津贴的种类更多，而且津贴标准也明显高于地方同级公务员。因此，军人（包括防卫厅高级文职人员）工资水平高于地方同级公务员工资约25%。同时，军人工资处于社会较高收入水平。日本军队人员工资中，中士以上衔级的军人工资高于日本国民的平均工资，即军官的工资普遍处于社会较高收入水平，且与国民平均工资的差值随着衔级的增加而迅速扩大。

四、增资机制较科学

军人职业不同于社会上的一般职业，没有一个自由竞争的劳动力市场，军人的工资收入不能主动地适应社会经济发展的变化。随着经济的发展，军人的工资可能无法保障正常的生活需要，这时就需要一个完善的工资增长机制使军人工资在制度保障下主动适应经济发展带来的变化。日本的工资增长制度相对完善，在经济危机、通货膨胀严重的时期，也较好地发挥了保障与激励功能。日军工资增长方式分为两种：一是基本工资有一个定期、稳定的增长制度。日军按军衔确定工资级别，各级别再划分若干薪号（即工资档次）。军人在晋升军衔时，其工资也随之上调一级；同时，军人的基本工资也能随军龄的增长而定期增长。按照这种办法，军人的工资增长间隔时间短，每年都能增一个薪号，工资不至于多年不变。二是军人工资随国家经济运行状况和物价变动情况定期调整。日本内阁人事院每年都要编写一次工资调整“劝告书”，一般而言，军人工资增长率都大于物价上涨指数，工资增长的幅度也比国家公务员的大。

第六章

韩国军人工资的状况与特点

韩国位于东北亚朝鲜半岛南部，三面环海，西濒临黄海，与胶东半岛隔海相望，东南是朝鲜海峡，东边是日本海，北面隔着三八线非军事区与朝鲜相邻，领土面积占朝鲜半岛总面积的 4/9。进入 21 世纪，韩国（以下简称韩）政府针对周边形势的变化和未来面临的挑战，发表了一系列国防报告，提出建立“精、小、强的信息化、科学化、技术集约型国防力量”的目标。朴槿惠就任韩国总统后，秉承“牢固的国防”这一政策基调，稳步发展革新型、创造型“精锐化的先进强军”，全面改善军队人力资源运营体系，把提高军人工资福利待遇放在显著地位。2013 年韩国国防部向国会提交了 2014 ～ 2018 年国防中期预算案，其中明确指出未来 5 年将重点提高军人生活保障水平。

第一节　韩军的工资状况

目前，韩国常备兵力为 63.3 万人，其中陆军 49.8 万人，海军 4.1 万人，海军陆战队 2.9 万人，空军 6.5 万人。军人包括军官、士官和士兵三大类别。韩国的《军人工薪基本法》明确规定，军官和士官实行工资制，士兵实行津贴制。因此，本书重点研究韩国军官与士官的工资情况，涉及士兵享受的津贴补贴时，也一并介绍。

一、韩军工资的项目构成

韩军实行军衔工资制，设 5 等 19 级，军官包括将官、校官和尉官三个层次；士官包括元士和军士两个层次，士兵根据服役年限分为一等兵、二等兵、上等兵和兵长四个层级，具体见表 6-1。军官与士官工资由基本工资、津贴补贴两部分构成。

表 6-1　　　　　　　　韩国军人的军衔划分表

人员类别	军衔等次	具体军衔
军官	将官	上将、中将、少将、准将
	校官	上校、中校、少校
	尉官	上尉、中尉、少尉、准尉
士官		元士
		上士、中士、下士
士兵		一等兵、二等兵、上等兵、兵长

（一）基本工资

韩军基本工资由衔级工资和勤奋津贴构成。军官与士官的衔级工资和勤奋津贴以军龄为参考，根据每一级军衔设置相应级数，确定相应的基本工资标准。军官与士官的基本工资占总工资的比例约为 60%。士兵的津贴根据军衔设置固定数额的衔级工资和勤奋津贴标准。

（二）津贴补贴

韩军津贴补贴根据生活需要、工作岗位的环境及其艰苦和危险程度而确定，是军人工资收入的重要组成部分。随着韩国国防改革的深度推进，军队担负任务不断拓展，韩军也在不断完善津贴补贴制度。目前，韩军的津贴补贴分为共享性津贴补贴和特殊津贴两大类。

1. 共享性津贴补贴项目。共享性津贴补贴基本是全体军人共同享受，主要保障军人工作、生活的共性需求，具体包括：加班补贴、业务管理津贴、家庭补贴、勤奋奖金附加金、住房补贴、业绩成果奖金、士官奖金、职业补助金、交通补贴、服务社补贴、节假日休假津贴和年假补贴。

（1）加班补贴。其面向上尉（含）以下军官和士官，并根据衔级制定了不同标准，主要补偿基层官兵的超额劳动付出。

（2）业务管理津贴。校官和将官享受该津贴，并根据衔级制定了不同标准，主要褒奖其在部队运行中的管理能力。

（3）家庭补贴。其为全体有配偶的军官和士官享受，标准固定，主要补偿军人职业约束性给军人家庭带来的机会成本。

（4）勤奋奖金附加金。其由兵长、士官和军官享受，主要以军人在管理部队方面的职责轻重来制定具体标准。

（5）住房补贴。其主要保障基层官兵的住房需求，考虑到高级军官的住房实物化保障、官兵结婚状况等因素，由中校（含）以下军官和中士（含）以上士官享受固定标准。

（6）业绩成果奖金。其在对官兵年度业绩成果考核后发放，考虑到高层军官业绩难以考核，只有少将（含）以下军官和士官享受，具体标准考虑岗位、职责等因素制定。

（7）士官奖金。其由中士（含）以上士官享受，主要补偿士官在基层工作的超额劳动付出，标准固定。

（8）职业补助金。其面向全体士官和军官，并根据衔级设置了不同标准，主要补偿官兵因从军而产生的机会成本，以增强军人职业荣誉感。

（9）交通补贴。其主要补偿上校（含）以下军官和士官的交通出行开支，并根据军衔设置具体标准。

（10）服务社补贴。其是韩军的特色津贴，根据韩国《军事福祉基金法》的相关规定，补贴军人在韩军福祉团下设的商店购买商品的开支，补贴标准按军人衔级来设计[1]。

（11）节假日休假津贴。其目的是褒奖军人在保卫国家安全方面所作贡献，全体军官和士官享受，标准根据军衔划分不同等级。

（12）年假补贴。其是对军人因公未能进行法定休假的补偿，少将（含）以下军官和士官享受，并根据军衔设置了不同标准。

2. 特殊津贴项目。特殊津贴主要依据军人个体的岗位、任务和技能等因素来设置，主要补偿和奖励军人不同的劳动付出、技能素质和身体损伤等。特殊津贴大体可分为特殊岗位津贴、特殊任务津贴和其他津贴。

（1）特殊岗位津贴。主要包括：特殊区域工作津贴、寒冷地区津贴、飞行津贴、船员津贴、伞兵津贴、舰艇工作津贴、舰艇出海津贴、危险性工作津贴、航空作业津贴、异常气压作业津贴、伞降作业津贴、除雪津贴、夜间特殊业务津贴等。

（2）特殊任务津贴。主要包括：危险津贴、特种作战津贴、特别警备津贴等。特殊任务津贴重点向危险性大、技术性强和工作时间特殊的专业倾斜，兼顾对军人特殊技能的褒奖。

（3）其他津贴。其主要保障军人及其家庭的特殊需求，如分居补贴、大学生子女学费补贴等。

此外，韩军与工资相关的福利还包括养老保险和医疗保险，其以军人的基本工资和共享性津贴补贴（不含加班津贴等）为基数计提，国家和军人各承担 50%。其中：养老保险金按 8.5% 计提，医疗保险按 8.906% 计提（健康保险按 2.356% 计提，养老医疗保险按 6.55% 计提）。

二、韩军工资的具体标准

近年来，韩国基于国内征兵难和国民福利需求大幅提升的实际，为有效

① 2010 年，韩国国防部将陆军、海军、空军福利团合并，成立国军福利团，确立了以国军福利团为核心的福利设施运营体系。通过按设施类型进行管理，不断改进服务环境和服务质量，让官兵切实享受到了更多更好的福利待遇。

应对朝鲜核武器和大规模杀伤性武器的威胁，几次大幅度提高官兵工资福利待遇，有力提升了部队士气。

（一）基本工资标准

韩国实行以军衔为主的军官管理制度，军衔是军人职务、资历、功绩、地位和待遇等因素的集中体现。韩军基本工资标准也依据军衔等级来具体设计，士官和军官的基本工资依据军龄将每个军衔划分为多个衔级，实行一衔多档的基本工资制，基本工资项目包括军衔工资和勤奋津贴。韩国实行征兵制度，士兵按月发放津贴，其津贴标准按军衔设置，实行单一、固定标准的军衔工资。2014 年韩国月基本工资具体标准如表 6-2 所示。

表 6-2　　2014 年韩国军人基本工资标准

单位：千韩元

类别 军衔	平均档	军龄	基本工资 / 每月		
			总计	军衔工资	勤奋津贴
上将			7,523.5	6,944.8	578.7
中将			7,389.4	6,821.0	568.4
少将	14	33	5,403.2	4,987.6	415.6
准将	12	29	4,947.9	4,567.3	380.6
上校	18	29	4,908.8	4,531.2	377.6
中校	16	24	4,342.3	4,008.3	334.0
少校	11	16	3,278.9	3,026.7	252.2
上尉	5	7	2,105.2	1,989.2	116.0
中尉	2	2	1,346.2	1,324.1	22.1
少尉	2	1	1,213.9	1,203.9	10.0
准尉	28	27	3,863.9	3,566.7	297.2
元士	15	27	3,425.5	3,162.0	263.5
上士	15	19	2,626.7	2,424.6	202.1
中士	8	9	1,734.8	1,613.8	121.0
下士	3	2	1,066.4	1,048.9	17.5
兵长	—	—	149.0	149.0	—

续表

类别 军衔	平均档	军龄	基本工资 / 每月		
			总计	军衔工资	勤奋津贴
上等兵	—	—	134.6	134.6	—
一等兵	—	—	121.7	121.7	—
二等兵	—	—	112.5	112.5	—

资料来源：韩国《2014 年国防统计年报》。

根据韩国国防部公开的《2014 年国防统计年报》显示，联合参谋总部议长和各军总长等 8 名四星上将每月基本工资为 7,523,500 韩元（约 43,095 元），其中：军衔工资 6,944,800 韩元（约 39,780 元）、勤奋津贴 578,700 韩元（约 3,314 元）；三星中将每月基本工资 7,389,400 韩元（约 42,327 元），其中：军衔工资 6,821,000 韩元（约 39,071 元）、勤奋津贴 568,400 韩元（约 3,256 元）；师长级两星少将每月基本工资为 5,403,200 韩元（约 30,950 元），其中：军衔工资 4,987,600 韩元（约 28,569 元）、勤奋津贴 415,600 韩元（约 2,381 元）；士官工资系列中，服役 12 年元士每月基本工资 3,425,500 韩元（约 19,621 元），其中：军衔工资 3,162,000 韩元（约 18,111 元）、勤奋津贴 263,500 韩元（约 1,509 元）①。

（二）津贴补贴标准

1. 共享性津贴补贴标准。共享性津贴补贴主要满足全体军人的共性需求，突出保障功能；特殊津贴则根据军队的发展需求、建设任务和军人劳动特点来设置，突出补偿和激励功效。韩军的共享性津贴补贴包括加班补贴、业务管理津贴、家庭补贴、勤奋奖金附加金、住房补贴、业绩成果奖金、士官奖金、职业补助金、交通补贴、服务社补贴、节假日休假津贴和年假补贴，具体标准见表 6-3。

① 引自：http ://news.qq.com/a/20150114/053298.htm.

表 6-3

2014 年韩国军人共享性津贴补贴标准

单位：千韩元 / 每月

类别 军衔	平均档	军龄	共享性津贴补贴 / 每月												
			合计	加班补贴	业务管理津贴	家庭补贴	勤奋奖金附加金	住房补贴	业绩成果奖金	士官奖金	职业补助金	交通补贴	服务社补贴	节假日休假津贴	年假补贴
上将	—	—	3,179.5	—	625.0	80.0	130.0	—	—	—	1,650.0	—	—	694.5	—
中将	—	—	2,756.0	—	613.9	80.0	130.0	—	—	—	1,250.0	—	—	682.1	—
少将	14	33	3,573.0	—	448.9	80.0	130.0	—	530.0	—	900.0	—	832.9	498.8	152.4
准将	12	29	3,224.9	—	411.1	80.0	130.0	—	494.8	—	750.0	—	762.7	456.7	139.6
上校	18	29	3,242.2	—	407.8	80.0	130.0		426.1	—	650.0	200.0	756.7	453.1	138.5
中校	16	24	2,854.5	—	360.7	80.0	110.0	80.0	391.1	—	500.0	140.0	669.4	400.8	122.5
少校	11	16	2,259.8	—	272.4	80.0	80.0	80.0	306.7	—	400.0	140.0	505.5	302.7	92.5
上尉	5	7	1,703.2	295.8	—	80.0	50.0	80.0	215.5	—	250.0	140.0	332.2	198.9	60.8
中尉	2	2	975.4	183.0	—	—	30.0	—	143.4	—	105.0	120.0	221.1	132.4	40.5
少尉	2	1	910.5	166.8	—	—	30.0	—	130.4	—	105.0	120.0	201.1	120.4	36.8
准尉	28	27	2,276.4	295.3	—	80.0	130.0	80.0	319.8	—	180.0	130.0	595.6	356.7	109
元士	15	27	2,386.8	281.7	—	80.0	130.0	80.0	319.2	270.0	155.0	130.0	528.1	316.2	96.6
上士	15	19	1,977.4	235.4	—	80.0	80.0	80.0	240.5	270.0	140.0	130.0	404.9	242.5	74.1
中士	8	9	1,538.2	219.3	—	80.0	50.0	80.0	153.7	250.0	105.0	120.0	269.5	161.4	49.3
下士	3	2	748.7	147.2	—	—	15.0	—	109.4	—	95.0	70.0	175.2	104.9	32.0

资料来源：韩国《2014 年国防统计年报》。

根据韩国国防部公开的《2014 年国防统计年报》显示，韩国联合参谋总部议长和各军总长等 8 名四星上将每月共享性津贴补贴为 3,179,500 韩元（约 18,212 元），其中：业务管理津贴为 625,000 韩元（约 3,580 元）、家庭补贴为 80,000 韩元（约 458 元）、勤奋奖金附加金 130,000 韩元（约 745 元）、职业补助金 1,650,000 韩元（约 9,451 元）、节假日休假津贴 694,500 韩元（约 3,978 元）[①]。韩国共享性津贴补贴充分考虑了军人工作生活实际，如加班补贴面向上尉（含）以下军官和士官，业务管理津贴由校官和将官享受；士官奖金由士官享受等。

2. 特殊津贴标准。韩军特殊津贴的项目更是种类繁多，近年来为将军人级别、任务、工作环境等方面的特殊性反映到军人工资体系中，韩国国防部进一步调整和完善了特殊津贴的项目和标准。针对在各种恶劣、特殊环境下工作的官兵，为了鼓舞官兵士气，补偿他们在健康和精神方面造成的损失，促使军人能够安心服役，韩国国防部正在提高各种艰苦岗位的特殊津贴。2009 年起只向特定职务中校级指挥官和部门长官支付的业务费，从 2012 年起扩大了支付范围。从 2012 年起，对于在中队以下战斗部队工作的士官和运输机飞行员提高了奖励补贴和飞行津贴标准；对于在艰苦地区工作的军官，其奖励补贴由 7 万韩元提升至一般公务员水平的 15 万韩元；为了改善在特殊环境下工作的士兵福利待遇，提高了危险性工作津贴和舰艇工作津贴，并新增舰艇出海津贴。2016 年，韩国国防部增加了军人职业补助金、分居补贴、大学生子女学费补贴。考虑到工作环境及职业的危险性等因素，还增加了边境接敌地区的特殊区域工作津贴、舰艇津贴、飞行津贴和危险津贴等[②]。例如，向在最前沿哨所等韩朝非军事区内执勤的士兵发放的危险执勤津贴由 2015 年的 1.65 万韩元增至 2.5 万韩元，向毗邻非军事区的边防哨所执勤的士兵发放的危险执勤津贴由 1.32 万韩元增至 2 万韩元[③]。

---

① 资料来源：http ：//news.qq.com/a/20150114/053298.htm.

② 资料来源：http ：//mil.sohu.com/20130304/n367759789.shtml.

③ 资料来源：http ：//www.cn-kr.net/news/article_5551.html.

三、韩军工资的结构状况

通过表 6-2、表 6-3 可以看到，韩国军人基本工资结构简单，以军衔为基本尺度，考虑服役年限因素，设置为军衔工资和勤奋津贴两个项目；而津贴补贴则兼顾军人的任务、岗位、技能及生活需求等方面的因素，设置了名目繁多的津贴补贴项目，仅共享性津贴补贴项目就达 12 项。

（一）基本工资与津贴补贴的关系分析

韩国军人基本工资项目具有很强的综合性，一些津贴补贴标准是直接根据基本工资标准计算而得到的。例如业务管理奖金、服务社补贴标准是分别根据军衔工资的 9%、16.7% 计算得出，节假日休假津贴和业绩成果奖金是分别按勤奋津贴的 120%、130% 计算得出。此外，养老保险和医疗保险也是依据基本工资标准，按照固定比例计提。由于韩军的特殊津贴项目繁多，且对享受对象都有具体的条件限制，因而为使基本工资与津贴补贴的数量关系测算简便直观，在此选取各军衔军人的基本工资与共享性津贴补贴进行比较。如表 6-4 所示，韩国军人的基本工资始终高于共享性津贴补贴较高比例，其中：中将的基本工资与共享性津贴补贴的比例最大，为 1∶0.37；中士的基本工资与共享性津贴补贴的比例最小，为 1∶0.89。军人工资收入中基本工资居于的主体地位，且呈军衔越高军人的基本工资主体地位越巩固的趋势。同

表 6-4　　2014 年韩国军人基本工资与共享性津贴补贴关系表

单位：千韩元 / 每月

类别 军衔	平均档	军龄	基本工资	共享性津贴补贴	基本工资与共享性津贴补贴的比例关系
上将			7,523.5	3,179.5	1∶0.42
中将			7,389.4	2,756.0	1∶0.37
少将	14	33	5,403.2	3,573.0	1∶0.66
准将	12	29	4,947.9	3,224.9	1∶0.65
上校	18	29	4,908.8	3,242.2	1∶0.66

续表

军衔＼类别	平均档	军龄	基本工资	共享性津贴补贴	基本工资与共享性津贴补贴的比例关系
中校	16	24	4,342.3	2,854.5	1∶0.66
少校	11	16	3,278.9	2,259.8	1∶0.69
上尉	5	7	2,105.2	1,703.2	1∶0.81
中尉	2	2	1,346.2	975.4	1∶0.72
少尉	2	1	1,213.9	910.5	1∶0.75
准尉	28	27	3,863.9	2,276.4	1∶0.59
元士	15	27	3,425.5	2,386.8	1∶0.70
上士	15	19	2,626.7	1,977.4	1∶0.75
中士	8	9	1,734.8	1,538.2	1∶0.89
下士	3	2	1,066.4	748.7	1∶0.70

资料来源：韩国《2014 年国防统计年报》。

时，上述分析只是建立在韩国军人基本工资与共享性津贴补贴的比较上，如果考虑中初级军官和士官还享受一些特殊津贴项目，他们的基本工资占工资收入的比重会有所下降。但考虑到特殊津贴往往与岗位、任务等因素挂钩，享受的官兵有条件限制，基本工资始终高于军人工资收入的 50%。

（二）最高与最低工资比例关系

最高与最低工资比例关系是指军人中最高衔级人员的工资水平与最低衔级人员的工资水平之间的比例关系。考虑到特殊津贴的享受范围有明确条件要求，在此研究的工资只包括基本工资和共享性津贴补贴。结合韩军士官和军官实行工资制度的情况，选取上将工资和下士工资进行比较。从表 6-5 可以看出，韩国军人最高与最低工资（基本工资 + 共享性津贴补贴）比例关系为 5.90∶1。由于韩军的入门工资较高，下士月工资为 1,815,100 韩元（约 10,397 元），这一比例较有利于拉开军人间工资差距，便于军衔工资级差和津贴补贴档次的设计，能对各衔级军人的劳动差异予以科学区分。同时，基本工资的最高与最低比例为 7.06∶1，这体现了韩军基本工资设计注重效率，以科学反映各衔级军人的职责轻重；共享性津贴补贴的最高与最低比例为4.25∶1，这体现了韩军共享性津贴补贴设计注重公平，共性需求积极向中初级军官和士官倾斜；韩军工资这一设计理念具有较强科学性和可行性。

表 6-5　　2014 年韩国军人最高与最低工资比例关系表

比较内容	最高与最低工资比例关系
基本工资	7.06∶1
共享性津贴补贴	4.25∶1
工资（基本工资＋共享性津贴补贴）	5.90∶1

资料来源：韩国《2014 年国防统计年报》。

此外，考虑军官和士官两类人员的职能差异，对他们的最高与最低工资比例关系进行分析（见表 6-6）。

表 6-6　　2014 年韩国最高与最低工资比例关系表

人员类别	最高与最低工资比例关系
军官	5.04∶1
士官	3.38∶1

资料来源：韩国《2014 年国防统计年报》。

从表 6-6 可以看出，军官的最高与最低工资比例为 5.04∶1，明显高于士官的最高与最低工资比例 3.38∶1，这种设计主要基于两点考虑：一是军官的衔级（共 12 级）多于士官的衔级（共 4 级），理应拉大工资高低比；二是军官的战略职责因素较士官更加凸显，应从工资差距上合理反映各衔级军人的职责差异。

四、韩军工资的增长机制

韩军认为军人的工资待遇是部队质量建设的重要方面之一，是激励官兵士气的重要手段，是生成部队无形战斗力的核心要素。为保障军人群体在社会阶层中合理地位，韩国建立了较系统的军人工资增长机制，除国家定期调整军人工资标准外，还通过军人晋衔、增加衔级等途径增加工资，从而保证军人工资处于合理水平。

（一）国家调资

韩国军人作为国家特殊公务员，其工资标准除随公务员工资调整外，更多是独立进行调整。韩国调整军人工资标准主要考虑国家安全形势、物价上涨和国家经济发展水平（财力可能）等因素。如 2013 年朝鲜进行了第三次核试验，导致韩国翌年国防费增长了 4%，并计划在 2015 财年再次增加国防费，预计增长率达 5%，增加的国防费中相当的份额用于提高官兵工资待遇；2000 ～ 2003 年间，韩国政府每年都提高军人工资标准，一般为 5.5% ～ 8%，而同期韩国的物价上涨指数约为 4%[①]；2014 年韩国 GDP 增长率为 3.3%，国防费增长率为 3.5%，军人工资整体标准提高了 2.8%[②]，而同期韩国 CPI 指数为 1.3%。

根据韩国《2014 年国防统计年报》公布的军人工资数据显示（见表 6-7[③]），2013 年韩国军人的国家调资幅度整体要大于 2014 年，2012 ～ 2014 年韩国军人工资因国家调资而增长幅度约 3%；其中，上士工资增幅最大，年平均增长率为 3.24%；上将工资增幅最小，年平均增长率为 2.17%，基层军官和士官的工资增幅要整体高于中高级军官工资增幅。

表 6-7　2012 ～ 2014 年韩国军人国家调资情况表

单位：千韩元 / 每月

类别 军衔	平均档	军龄	月工资（基本工资 + 共享性津贴补贴）			年平均增长率
			2012 年度	2013 年度	2014 年度	
上将	—	—	10,253.5	10,529.7	10,703.0	2.17%
中将	—	—	9,703.9	9,975.2	10,145.4	2.25%
少将	14	33	8,532.8	8,810.9	8,976.2	2.57%
准将	12	29	7,759.2	8,020.9	8,172.8	2.63%

① 空政编译室：《韩国军人工资津贴情况及启示》，《外军空军后勤》2006 年第 3 期。

② 引自韩国《2014 年国防统计年报》。

③ 韩国军人 2014 年、2013 年、2012 年工资数据详见附表 5、附表 6、附表 7。

续表

类别/军衔	平均档	军龄	月工资（基本工资＋共享性津贴补贴）			年平均增长率
			2012 年度	2013 年度	2014 年度	
上校	18	29	7,749.0	8,001.8	8,151.0	2.56%
中校	16	24	6,839.9	7,064.5	7,196.8	2.58%
少校	11	16	5,266.6	5,437.9	5,538.7	2.55%
上尉	5	7	3,624.3	3,741.2	3,808.4	2.51%
中尉	2	2	2,203.0	2,278.2	2,321.6	2.66%
少尉	2	1	2,016.8	2,085.0	2,124.4	2.64%
准尉	28	27	5,824.3	6,024.5	6,140.3	2.68%
元士	15	27	5,458.6	5,708.1	5,812.3	3.20%
上士	15	19	4,325.0	4,522.4	4,608.8	3.24%
中士	8	9	3,074.7	3,218.3	3,273.0	3.19%
下士	3	2	1,721.5	1,780.8	1,815.1	2.69%

资料来源：韩国《2014 年国防统计年报》。

（二）军人晋衔增资

韩国军人的军衔晋升，通常由高级军官组成的调级委员会根据军人个体的服役表现来决定。军校学员毕业后均授少尉军衔，上尉以下晋升比较容易，但其后的晋衔就比较困难。尉级军官晋升军衔的最低年限为 3 年，校级军官晋升军衔的最低年限为 4 年。如果按最快的升迁速度计划，军官可在 43 岁时升至准将。升至中将以上军衔者，其军籍可保留至 60 岁。

韩国军人基本工资是依据军衔来设置的，而业务管理津贴、服务社补贴、节假日休假津贴和业绩成果奖金等共享性津贴补贴又与基本工资挂钩，即根据基本工资项目的一定比例来计算得出。因此，军人晋升军衔会使工资有较大幅度的增长，对军人激励效能明显。根据韩国《2014 年国防统计年报》公布的数据测算，尉级军官晋升军衔工资增长率约为 12%，校级军官晋升军衔工资增长率约为 15%，将级军官晋升军衔工资增长率约为 9%，军官因晋升军衔的工资增长率整体呈现先加速后趋缓的趋势。同时，韩军晋升军衔有种种明确的条件，如要有职务上的空缺、任职资格的要求和严格的选拔程序。

因此，晋升军衔对韩国军人而言是一条受限条件较多的发展路子，其发展难度随军衔晋升而递增。

（三）军人晋升衔级增资

韩军将每一军衔划分若干衔级，军官序列中[①]少尉军衔设置的衔级最少，随军衔晋升其划分的衔级递次增加，到上校军衔时其划分的衔级达到最多，晋升到将官后其衔级划分略有下降。韩军军人在一般情况下只要工作没有大的过失、能够正常履职，便可以按照规定程序，定期在本军衔上增加一个衔级，从而保证军人工资稳定增长。韩军同一军衔的衔差设计通常保持在原工资的 2% ～ 3%，而 2012 ～ 2014 年韩国的 CPI 指数都在 1.5% 以下，衔差设计能有效体现军人的年功价值和补偿因物价上涨而增加的生活成本。由于韩军晋升衔级有明确的制度规定，只要每年军人经考核合格后，工资就能在规定的时间内增长，因而对军人个体具有较强的激励效能。

第二节　韩国军地间的工资比较

韩国总体工资水平在亚洲国家中处于前列，为保证军人职业在劳动力市场具有较强竞争力，韩国给予军人较丰厚的工资待遇，以保障军人群体处于社会中上经济级层，有力维护了军人较高的社会地位。

一、韩军工资参照对象的选择与确立

韩国把军人待遇定位在社会中上等水平，其基本工资标准与政府公务员

① 在韩国军队中，准尉的军衔要高于最高级别的士兵以及军官学员或候补军官，但低于少尉。但准尉都是高技术的单向专业军官，他们作为领导者的基本任务是在他们的专业内作为技术专家为指挥官和组织提供有用的技能、指导和专长。由于角色的特殊，韩军为保障其安心服役，设置了较多的衔级。

大体持平，具体为：上将工资与政府副总理相当；中将工资与政府正部级官员相当、少将工资与政府副部级官员相当；准将与国家 1 级公务员、上校与国家 2 级公务员、中校与国家 3 级公务员（以上为司局级）、少校与国家 4 级公务员、上尉与国家 6 级公务员（以上为处级）两两之间工资相当；中尉、少尉与课（科）级公务员工资水平相当[①]。2012 年以来，韩国面对朝鲜军事威胁和国内兵役资源减少等方面的挑战，不断加快军事改革，并积极运用工资福利这一工具引导和激励官兵安心服役。根据韩国国情和居民收入状况，在《2012 年国防白皮书》中明确提出韩国国防部将把军人的工资提升至地方大企业的水平；韩国 2014 年国防预算中也强调要以美国等发达国家为标准，奠定韩军工资待遇的基础性工作。

二、军人与公务员工资水平比较

韩国《国家公务员法》中明确规定，军人属于特定职公务员。在制定军人基本工资标准时，准将比照国家 1 级公务员、上校比照国家 2 级公务员、中校比照国家 3 级公务员、少校比照国家 4 级公务员、上尉比照国家 6 级公务员来制定具体标准。根据 2014 年韩国政府公布的公务员基本工资标准（见附表 8）和国防部公布的军人基本工资标准（见附表 5），选取对应的军衔与级别、选择的相同级数进行军地工资水平比较（见表 6-8）。

从表 6-8 可知，韩国军人与国家公务员的基本工资水平大体相当，但由于军人享受共享性津贴补贴项目和标准均多于国家公务员，且能根据工作地域与岗位、承担任务等享受各项特殊津贴，因而军人实际总工资收入要比国家公务员高出 15% 以上。此外，据韩国政府人事革新处 2016 年 1 月 5 日

① 在韩国中央行政机关，公务员分政务职和事务职两类。长官（部长）和次官（副部长）属于政务职公务员，其他事务职公务员共分 9 级：1 级叫次官铺，一般是室长；2 级叫理事官，一般是局长；3 级叫副理事官，分甲、乙两种，3 级甲一般是局长，3 级乙一般是课长；4 级叫书记官，也分甲、乙两种，其中 4 级甲一般是课长；5 级叫事物官；6 级叫主事；7 级、8 级和 9 级没有特别称号。笔者根据韩国《政府组织法》、《国家公务员法》和《国家公务员任用条例》的内容注。

表 6-8　2014 年韩国军人与国家公务员基本工资水平比较表

单位：千韩元 / 每月

军衔（级别）	平均档	军人	国家公务员	军人高出国家公务员的比例
准将（国家 1 级公务员）	12	4,947.9	4,777.5	3.57%
上校（国家 2 级公务员）	18	4,908.8	4,918.7	-0.2%
中校（国家 3 级公务员）	16	4,342.3	4,296.3	1.1%
少校（国家 4 级公务员）	11	3,278.9	3,351.6	-2.2%
上尉（国家 6 级公务员）	5	2,105.2	2,059.9	2.2%

表示，国务会议通过了经修订的《公务员报酬和津贴规定》。考虑物价上涨和民间工资水平提高等因素，韩国公务员 2016 年的工资平均增长 3% 左右；而韩国 2016 年国防预算中明确军人的工资平均将上调 15% 左右，这将进一步提升韩国军人的经济地位，增强军人职业的荣誉感[①]。

三、军人与社会其他成员的平均工资水平比较

韩国雇佣劳动部公布了 2013 年韩国年收入排行前二十位的职业，具体见表 6-9。2013 年韩国少校军官的年工资收入[②]为 65,254.8 千韩元，中校军官的年工资收入为 84,774 千韩元（见附表 6），这说明韩国少校以上军官的年工资收入已跻身高收入职业的行列。

表 6-9　2013 年韩国年收入排行前二十位的职业

单位：千韩元

排行	职业	平均年收入	排行	职业	平均年收入
1	企业高层	109,980	11	精神科医生	73,940
2	国会议员	106,520	12	医药科教授	73,320
3	引水员	105,390	13	产科医生	72,830
4	整容外科医生	92,780	14	职业棒球选手	71,550
5	飞行员	91,830	15	眼科医生	71,500

① 引自：http：//www.cn-kr.net/news/article_5551.html.

② 年工资收入 =（基本工资 + 共享性津贴补贴）× 12，没有包括军人享受的特殊津贴和各类保险。

续表

排行	职业	平均年收入	排行	职业	平均年收入
6	律师	88,600	16	皮肤科医生	71,160
7	外科医生	82,680	17	工科教授	70,360
8	牙科医生	82,240	18	泌尿科医生	70,120
9	大学校长	80,400	19	儿科医生	68,890
10	行政部高级公务员	74,030	20	会计	68,530

此外，韩国各规模企业的收入水平相差悬殊，根据韩国企业分析机构CXO研究所2015年公布对两千余家大、中、小企业员工的年薪的调查分析显示，2014年在中、小企业上班的韩国普通上班族的年工资约在44,980千韩元，而大企业例如三星、LG、乐天的职员年工资约在64,190千韩元左右，两者相差19,210千韩元。这就导致了韩国人都想到大企业工作，大企业就业竞争非常激烈，很多企业岗位甚至出现了100∶1的淘汰比例。而2014年韩国少校军官的年工资收入（基本工资＋共享性津贴补贴）为66,464.4千韩元（见附表1），高出大企业职员工资2,274.4千韩元，高出中、小企业职员工资21,484.4千韩元。

第三节　韩军工资管理机制状况

韩军工资管理机制依托于国防管理体制，并在其管理机制框架内运行。在韩国国防管理机制中，总统为全国武装力量统帅，通过国防部对军队实施领导和指挥。国家安全保障会议是最高决策机构，由总统任主席，其成员包括国务总理、国防部长官、国家情报院院长、参谋长联席会议主席等。国防部是总统统帅力量的最高军事机关，主要负责制定国防政策和军队建设计划，国防部长在总统的领导下指挥和控制武装部队。国防部下辖参谋长联席会议（韩国参谋长联席会议设1名上将级主席和1名中将级副主席）。参联会是全军最高作战指挥机构。参联会主席在国防部长的直接领导下，通过陆军本部、海军本部、空军本部指挥作战部队，并在战时或遇有紧急情况时有权直接下达作战指令，参加国家安全保障会议，向总统汇报情况和提出决策性意见，而且还能决定陆海空三军种参谋总长推荐的军级以上指挥官人选。

一、军人工资的法律制度保障体系

韩国军队法制化管理程度较高，有一套规范的国防军事法案运行制度，其法律法规按照各军种总部等大单位提交法案、国防部审查和遴选优秀法案、交总统和国会审议通过法案的程序实施。早在1949年韩国就制定出台《公务员法》，将军人明确定位为特定职公务员；1963年又颁布实施新的《国家公务员法》，并出台了《军人年金法》。进入21世纪后，基于国防和军队改革需要，韩国的军事法律法规进行了大的调整和完善。如2013年国防部审查和遴选了81项法案，交总统和议会审议，通过30项法案，法案通过率达37%。韩国军人工资待遇也实行依法保障。2008年3月经韩国国会审议通过《军人工薪基本法》，这是一部全面、系统规范军人工资待遇和相关权利的法律。

2009年4月，基于《军人工薪基本法》，韩国国防部制定了第一个《军人工薪基本计划》(2009～2013年)，其确立了韩军工资福利政策未来发展方向，主要包括：提供生活保障的基本工资待遇；军人工资制度等内容的军人工资体系；帮助解决军人家庭实际困难的军人家庭福利；能够体现先进文化生活的先进文化福利；构建符合军人需求的高效率福利支援体系，完善福利基础设施；改进福利机构的运营模式，实现高效的福利基金管理等内容。2013年4月，韩国国防部制定了第二个《军人工薪基本计划》(2013～2017年)，这是在上一计划的目标指引基础上出台的，其包括7个类别77项军人工资福利领域的改革任务：①改善工资福利。包括合理补偿军队服役的成本；出台特殊岗位津贴；完善军人工资制度等。②提高士兵福利。包括改善服役士兵的工作条件；改善军营环境，增加士兵津贴，帮助士兵退役后更好适应社会等。③完善医疗福利。包括改进军队医疗服务水平；控制传染病，提高医务人员的专业素质。④改进家庭福利。包括强化军人家庭的支持政策，解决一些盲点地区的幼儿入园问题，扩大军人子女的奖学金项目。⑤完善住房保障。包括增加军人住房租赁贷款的标准；增加军人交通补贴标准，增加公寓房分配等。⑥增强服务支援。包括强化退役前职业培训，保证退役官兵就业；制定个性化再就业培训计划，完善就业培训体系，扩大就业机会等。⑦丰富文化福利。包括扩大福利设施保障范围，营造舒适的生活文化；建立全面的福利设施，提高军队超市的运营效率。目前，韩国已形成《军人工薪基本法》为指引框架，《军人工薪基本计划》为实施路径的军人工资管理体系，每五年根据国际国内形势和军队建设需求动态制定军人工资领域的实施计划，法制化保障官兵工资待遇科学调整，有力支撑了军队各项建设任务发展。

此外，进入 21 世纪后，在韩国《军人年金法》中增设年金亏损部分由国家承担的条款，解除了军人年金财政的不稳定因素；对具有事业或劳动收入的退役者，最多可停止支付其一半的年金，改善了军人年金的财务状况。在《军人人事法施行令》中规定："政府对服役 10 年以上的军官和下士依法保障再就业"，符合条件的人通常安排在与国防有关的预备役部队，也有一部分改文职，另外一部分进政府机关或国企任职。2012 年 1 月韩国国防部修订《军队人事法施行令》，为超出服役期限的军官接受退役支援提供了法律依据。目前韩国国防部正与国家报勋处共同推进《退役军人支援相关法案》的修订工作。依据该法案，韩国国防部计划向中期服役者提供退役支援金，向短期服役者提供就业、创业咨询及教育培训。这将有效解除军人的后顾之忧，保证部队稳定和官兵安心服役。

二、军人工资的法律与规划程序

韩国对军人工资福利法律和军队工资福利计划都有一套严密的法律规程。以《军人工薪基本法》为例，其具体流程为：国防部长负责组织相关部门起草"军人工薪基本法"，举办"军人工薪基本法"国防部内部说明会、长官级座谈会，就"军人工薪基本法"向政府作报告及听取意见，举办"军人工薪基本法”咨询委员会及听取意见，就“军人工薪基本法”修改案进行次长官会议并通过国务会议商定决议，向国会提交“军人工薪基本法”修改案，举行国会执行委员会全体会议及接受法案审核委员会审核，经国会通过后批准实施。同时，韩国《军人工薪基本法》第六章中明确指出，由国防部长每五年负责主持《军人工薪基本计划》的制定工作，其与国家行政机构领导进行磋商、协调和修改后，上报总统批准后执行。

三、军人工资的信息收集

韩国军人属于特定职公务员，其基本工资和共享性津贴补贴标准是参照公务员工资标准来制定的。韩国公务员工资管理的主要依据是《国家公务员法》、《公务员工资和津贴规定》，全国公务员劳动组合总联盟负责工资提案的提交。工资水平调查由政府就业和劳工部组织实施，工资水平调整除了依据工资调查结果外，还须考虑政府的财政情况、民间工资水平、物价变动情况和标准生活费等因素来综合决定。为使公务员安心本职工作，公务员工资总体按照民官工资对等原则来制定，并根据公务员的考核情况来差异化发放[①]。同时，军人特殊津贴标准主要考虑岗位、任务、对身体的损伤等因素来制定，军方具有较强自主权，每年可以根据国家安全形势和军队建设需求提出调整方案，经国会审议通过后执行，如 2016 年大幅提高了军人的危险

① 韩国对各个级别的公务员采取不同的考核方法，其中：对 3 级以上的高级公务员采用专门的能力评价制，对 4 级以上的公务员采用绩效契约评价制，对 5 级以下的公务员采用工作业绩评价制。由于考核方式不同，公务员的工资制度也有所差异。高级公务员实施“职务成果累积年薪制”，由韩国公务员委员会对政府职位进行分析，根据职务的难易程度、责任重大程度划定了“职务等级”（分为 A-E 共 5 个等级），确定职位的重要性和价值，并在与政府部门协商后，决定每个等级的工资报酬，考核后按职务等级和工作成绩不同实行工资区别对待，形成了按工作实绩决定工资待遇的工资制度。对室长、局长、课长实行成果年薪制度，年薪由基本年薪和成果年薪组成，成果年薪是在第二年的年薪额上累积，并根据成果管理制度的评价结果来个别分级支付。对 4、5 级以下公务员实行月工资制度，根据年功和职责确定工资水平，并通过评价工作业绩和职务执行能力两个方面后，划分绩效等级后差异化发放工资。

执勤津贴。

第四节　韩军工资管理的特点分析

一、充分考虑军人职业的特殊性，实施优厚待遇

韩国在制定军人工资待遇时，充分考虑了军人职业的特殊性，认为应给予较高标准的工资福利待遇。韩国发布的《2012 年国防白皮书》中对军人职业特殊性有明确的阐述：一是“有事时”，军人担负保卫国家的任务。为了保护国民的生命财产安全，军人即使牺牲生命也在所不惜。二是军人长期工作在战斗岗位，主要以偏、远、散的部队为主，工作流动过于频繁，很难维持稳定的家庭生活。三是部队中的大部分人在人生付出最大的阶段（45 岁～56 岁）提前退出现役。四是军人与社会有一定程度的脱节，再就业面临一系列困难。为了将军人服役环境的特殊性切实反映到军人工资待遇政策中去，韩国国防部与有关部门及国会展开了密切磋商。目前，韩国有关军人工资待遇的法规、法令、决议多达十几项，使军人的经济待遇和社会地位纳入法制轨道，确保军人有较高的工资收入，以利于吸引人才、保留骨干、增强部队凝聚力。

二、准确定位军人工资项目功能，兼顾效率公平

韩军将军衔作为设计基本工资的依据，军衔将军人的荣誉称号、待遇等级和职务因素融为一体，使其兼具调整部队指挥关系和调整个人利益关系两种功能。基本工资包括军衔工资和勤奋津贴两个项目，设计简便、利于操作，其最高与最低比例为 7.06∶1，这体现了韩军在基本工资设计上注重效率的指向，以科学区分各军衔人员肩负的职责大小。共享性津贴补贴主要满足全体军人的共性需求，项目较多（共 12 项），涵盖工作与生活的方方面面，其最

高与最低比例为 4.25∶1，且随着军衔降低共享性津贴补贴占工资收入的比重呈上升趋势，这体现了共享性津贴补贴设计注重公平，向基层军官倾斜，突出保障效能。在韩军的工资构成中，基本工资居于主体地位（占工资收入的 50% 以上），各军衔人员基本工资差距较大，这体现了基本工资设计是效率为先的导向；共享性津贴补贴和特殊津贴虽处于从属地位，但项目多、标准细，基本是军人承担什么任务、在什么岗位上工作、具备什么技能就能享受到相应津贴补贴，从而公平体现军人的劳动付出和机会成本损失。因此，韩军工资设计定位明确，既以军衔为尺度理顺了军人间战略职责差异，又通过供需均衡的津贴补贴体系公平体现了军人的劳动特性，这种工资制度设计理念值得我军借鉴。

三、高层重视军人工资福利待遇，注重宣传引导

韩国对改善军人工资待遇问题十分重视，制定了《军人工薪基本法》来依法保障军人工资待遇，并由国防部长亲自主持制定五年期的《军人工薪基本计划》，实现了军人工资福利领域的规划与计划的有序衔接。韩国将“招募、培训和待遇”视为军队人员管理的“三大支柱”，将军人待遇提升为军队建设三大任务（作训、装备、待遇）之一。韩国总统、国防部长、参联会主席不论是视察部队，还是在半年军事工作会议、年终全军指挥官会议上，都将军人工资待遇作为一个突出问题予以重点强调。韩国军内外媒体也较为配合，进行大张旗鼓的宣传报道，使国民对军人改善工资福利待遇予以理解和支持，减少了社会阻力和负面影响。同时，广泛、细致的宣传增强了国民对国防建设的关注，强化了国防教育，在全社会形成了人人关注国防、尊重军人的良好氛围，提振了部队士气。因此，我国也应借鉴韩国在军人工资福利待遇管理方面的有益做法，将军人职业的特殊性讲清讲透，并广泛利用军内外媒体进行广泛宣传和教育。

第七章

对完善我军工资制度的启示

为吸引和保留军队所需人才，世界典型国家都十分重视军人工资制度建设这一基础性工作，将军人工资制度作为优化军事人力资源配置的有力工具和推进军事战略实施的强大抓手。各国以体现军人个体劳动价值、区分军人间工作差异、调动军人工作积极性和创造性为研究基点，通过军地职业比较和对军事劳动特性的系统考量，按照“付出与报酬对等”原则，优化和完善工资结构，给予军人优厚的工资待遇，以鼓舞士气，激励军人向着军事战略需要的方向努力。同时，各国均制定了一系列法律法规制度对军人工资问题予以规范，并采取具体的方法措施给予保障，使军人的社会地位和经济地位在国家中都处于显著位置。他山之石、可以攻玉，汲取世界典型国家军人工资制度建设的合理经验，可以开拓我们的视野和思路，为完善我军工资制度提供有益借鉴和启示。

第一节　战略层面的启示

一、着眼根本，更新军人工资制度的设计理念

世界典型国家普遍对军人工资制度的功能有清晰的定位，即将军人工资

制度作为优化军事人力资源配置的有力工具和推进军事战略实施的强大抓手。美军认为军人工资是吸引和挽留高素质人才及塑造个人能力的一个关键性政策工具，它能最大限度地发挥个人人力资本，使美军获得军事优势；具有竞争性的、完善的工资体系以及充足的招募兵源是军队吸引和挽留所需人才的保证，而工资制度和招募体制的不协调将会导致人才危机[①]。俄军工资变革与领导人普京上台后实施的富国强军战略密不可分，普京曾明确指出："没有强大的军队就不可能有强大的主权国家"，"我们不会在加强武装力量和提高军人地位方面节约开支"。法国《2009～2014年军事发展规划》中明确指出："人力资源政策——关键在于确保军队可持续、成功地完成现代化和信息化转型，同时促进军队的作战能力生成和军事合约的管理"，并据此对军人指数工资制改革提出了具体要求。韩国为有效应对朝鲜核武器和大规模杀伤性武器的威胁，2008年制定了《军人工薪基本法》来依法保障军人工资待遇，并由国防部长亲自主持制定五年期的《军人工薪基本计划》，实现了军人工资待遇的实施计划与军队建设发展规划的有序衔接。

随着信息技术的不断发展和广泛运用，市场竞争日益激烈，组织中人员的价值取向和工作动机更趋复杂化。作为具有重要激励和约束效能的工资制度已不能再停留在简单的保障功能层面，其作为辅助组织战略实施的重要人力资源管理手段，应逐步纳入到组织战略的框架中，成为确保组织发展战略实施的重要工具。因此，工资制度的功能不再简单停留在对人员贡献的承认和回报等经济分配关系协调的层面，更应该成为组织战略实施和价值观转化的基础性工作，并成为支持组织实施这些行动的管理流程和具体行动方案。因此，我军工资制度创新应立足于思想观念的突破，重新定位军人工资制度的功能作用，将军人工资制度作为优化军事人力资源配置、促进军事战略实施的有力工具来使用。

当前，应从军事战略需求出发，树立"大国防观"视角下的军人收入分

① （美）斯图尔特·E.约翰逊、马丁·C.利比基、格雷戈里·F.特雷弗顿：《防务决策的新挑战和新工具》，中国宇航出版社2006年版，第204页。

配理念，从战略视角审视军人工资制度地位的重要性，从而为进一步为军人收入分配制度改革夯实理论基础，并提供建设性对策。理论层面上，要突破就工资谈工资的思维模式，站在民族复兴和国家富强的高度，把军人工资分配放在“确保公共产品有效供给”的平台上来思考，提高其在国家收入分配中的地位。实践层面上，要从军队人力资源管理战略对军事劳动力的需求出发，运用工资这一工具引导军人个体行为符合军队建设发展要求。应系统分析军人工资制度涉及的内外环境，统筹考虑各项影响因素，运用工资这一工具，明确决策层对军队建设的战略意图，弘扬军队提倡的核心价值观，鼓励军人勇于肩负职责和加大军事专用性技能的投入，引导军人行为向着军事战略需求的方向努力。目的是通过理顺军人工资关系，构建科学的工资体系，来增强工资对军人个体的激励性和导向性。

二、把握规律，遵循军人工资制度的设计原则

军人工资制度合理与否，既涉及军人个体的经济利益，又对国家政治、经济、军事和社会问题具有广泛的影响，因而为世界典型国家所重视。为促进军人工资关系的公平性和合理性，保障军人的工资报酬与其社会地位相符，各国在制定军人工资制度时都遵循一系列普适性的原则。

1. 同工同酬原则。军人只要做相同的工作，就给予相同的报酬，而不论其性别、种族、政治背景和社会背景等因素。纵观世界典型国家，几乎都直接或间接地把同工同酬作为军人工资制度设计的首要原则，其目的是调动军人的工作积极性和提高工作效率。美、俄、英、法、日、韩等国虽基本工资设置的方法不同，但均全军使用同一基本工资标准。

2. 定期提薪原则。世界典型国家一般都采用正常晋级和调整工资标准的办法定期增加军人工资。定期提薪是军人理顺内部工资关系和平衡外部工资关系的重要手段，是军人工资制度正常运行的动力机制。它保证了军人工资有规律的正常增长，有助于增强军队凝聚力和保持部队稳定。例如，美国《联邦薪金比较法》明确规定，国会每年应将军人工资标准同联邦雇员、私营企

业雇员的工资标准对比，定期公布修定后的军人工资标准。

3. 社会均衡原则。世界典型国家在制定军人工资标准时，必然会考虑到社会其他人员的工资水平，特别是国家公务员和私营企业员工的工资水平，使军人的工资水平与社会各类相同能力人员的收入大体持平。社会均衡是处理军队与社会其他部门工资分配关系的重要原则，其目的是维护军队稳定、吸引和保留军队所需人才。例如，美军规定军官服役前 12 年的工资应比照拥有大学学历的地方人员；服役 12 年后，比照拥有大学以上学历从事管理工作或专业职位的地方人员；士兵比照高中毕业人员的工资。英军通常把军人分为三类（军官、中士到准尉、兵到下士），然后按类别与工作条件、工作性质相似的地方部门或公司中相应资历、能力的官员、职员、工人进行工资收入的比较。

4. 适应物价原则。世界典型国家会根据物价变动情况，定期调整军人的工资标准，使工资的增长率不低于物价的上涨率。适应物价原则的核心在于物价补偿，即保证军人工资的实际购买力不因物价上涨而降低。各国在具体做法上主要有两种方式：一是工资指数化，如法国政府每年根据财政收支和物价上涨等情况，拟定公务员工资指数点值调整方案，同公务员工会代表谈判和协商后，由政府批准实施。二是参照物价上涨水平，调整工资标准，如美军基本工资、补贴、特殊津贴和奖金等标准的调整时常与通货膨胀率、食品成本指数等保持同步。日本为了使军人的生活水平不受通货膨胀的影响，每年或数年就会调整军人工资基数。

5. 法律保障原则。世界典型国家普遍对军人工资待遇实施法治化管理，使军人在工资权利和义务方面均有法可依、依法保障。在法律保障形式上主要有两类：一是在公务员总法规中予以规定。例如，法国军人与公务员实行同一指数工资制，在《公务员权利和义务章程》、《国家公务员章程》、《法国公务员报酬法》等公务员总法中都对军人工资待遇作出了明确规定。二是颁布专门的军人工资法。例如，俄罗斯颁布了《俄罗斯联邦军人地位法》；英国专门制定了《军人工资待遇法》；韩国出台《军人工薪基本法》等。

三、理清关系，明确军人工资制度的设计依据

世界典型国家对军人工资制度设计依据的选择极为重视，大都采用法律法规予以明确规定。

1. 职务依据。即把职务的高低与性质作为划分军人工资标准的依据。由于职务在很大程度上体现着军人所肩负的责任和军队编制序列中所处的地位，蕴含着能力、学识、经验、资历和历史贡献，是一个内涵丰富的衡量因素。职务不同、职责范围和工作任务不同，其工作的轻重繁简和责任也就不同，且职务高也就意味着肩负的战略职责重，其工资收入也相应要高一些。

2. 军衔依据。即以军人的军衔级别为依据来确定其工资等级。由于军衔体现了军人的荣誉，终身享有，是区分军人等级、表明军人身份与地位的重要标志，能综合反映军人的功绩。目前，美、英、法、日、韩等国均实行单一的军衔基本工资制度。以军衔为依据能够较好地体现不同级别、不同专业军人的工资分配关系，防止工资收入增长过分依赖于职务晋升，能较好地体现军人职业的荣誉感和军人内部工资关系的公平性。经各国实践检验，实行军衔基本工资制不仅有利于工资制度设计和执行，也有利于协调军内工资关系。

3. 学历依据。即以军人的受教育程度为依据来确定不同学历军人之间的工资分配关系。世界典型国家军队普遍采用学历依据以确定初任职军人的工资级别，学历高定级也高，目的是鼓励军人努力学习，追求知识，不断提高自身素质和能力。此外，日本、法国等国把学历作为军人取得某一工资等级的必备条件。

4. 军龄依据，即以军人服役时间的长短为依据确定工资随军龄而相应增长的机制。美国、英国、日本、韩国等国军队一般都采用按服役年限自动晋级的办法，这无疑有利于鼓励军人长期服役，体现军人的年功价值。

除了上述依据外，世界典型国家确定军人工资的依据还包括工作环境（地区环境）、工作时间、工作熟练程度、工作要求、劳动强度等因素。近年

来，工作实绩逐渐成为一个重要依据，这种将竞争机制引入军人工资制度，以业绩贡献定工资的做法，有利于推动军人立足本职岗位做出优异业绩，体现了收入分配的公平性和同工同酬的原则。

此外，军人在工作中的能力、贡献以及与之相适应的工资待遇的确定，需要由健全的增资机制做保障，这对于维护军人社会经济地位和维系军内工资关系和谐具有重要作用。一般而言，世界典型国家军人的增资机制主要体现在四个方面：

一是正常加薪。即根据军人工资法规制度的相关规定定期提高军人的工资收入。其旨在鼓励军人长期服役，而不意味着加重其职责，与奖励无关。这种与年资密切相关，又与功绩分离的正常加薪机制，一方面有利于军人经济地位的提高，另一方面这种机制维持了军队的相对稳定，保持了军人工资政策的连续性和稳定性。

二是调整工资标准。即国家一般根据军事战略、经济状况、财政状况和军队建设实际需求，参照私营企业的工资增长率和国家公务员工资水平，对军人的工资标准进行调整，以保证军人工资增长率与社会保持一致。这既保证了军人与社会其他成员间工资水平的平衡，也保持了军人内部各职位层次之间的合理差距。

三是功绩加薪。即对表现突出、成绩优良的军人，先晋升其职位或军衔，然后随着职位和军衔的提升相应地提高其工资收入。功绩加薪，归根结底就是以军人的工作能力、工作业绩和贡献成果为根据，对优秀者进行加薪，其有利于通过工资杠杆来激励军队内部合理竞争、提高效率，以更好地发挥工资的激励功能。

四是物价补偿。即政府根据物价上涨情况，通过给军人增加工资的形式，以保证他们的生活水平不受影响。世界典型国家对于军人的物价补贴一般采用两种形式：一种是根据物价的变动情况，调整军人的工资标准或工资增长幅度；另一种是根据物价的变动情况，提高军人生活性补贴等标准。

第二节 策略层面的启示

比较世界典型国家军人工资制度，大都从工资水平定位、工资保障对象、工资支付基础和工资组合模式四个方面来权衡和运用策略。其中，工资保障对象策略是明确关键保障群体和区分人员的类别；工资支付基础策略是根据军人劳动特性，明确工资各构成项目的支付依据；工资水平定位策略是根据军人的社会地位和军事劳动特性，将军人工资水平与社会劳动力市场工资水平进行比较和定位；工资组合模式策略是明确工资构成要素及功能，并选择适合军事劳动特性的工资组合模式。

一、着眼军队地位作用，合理定位军人的工资水平

工资水平定位策略是对照社会劳动力市场工资水平，如何来定位军人工资水平的政策选择。世界典型国家在对工资水平进行决策时，将国家安全形势、国家经济发展水平、国家财政状况、市场工资水平等因素都纳入工资政策考虑的范围。一般而言，军人工资水平定位策略可分为三类：一类是领先策略，就是军人工资水平处于社会劳动力市场工资水平的前列；二类是跟随策略，是指军人工资水平与市场相似行业的工资水平持平或略高；三类是滞后策略，即军人工资水平落后于社会劳动力市场平均工资水平[①]。由于军队是维护国家主权独立和保护领土完整的武装集团，是国家安全的基石，国不可一日无防；加之军人职业的特殊性和从军机会成本的存在。所以，世界典型国家对军人工资水平定位策略通常选择为领先策略和跟随策略，而摒弃实施滞后策略。例如，美国《1970 年和 1977 年联邦政府工资对比法案》明确规定，军人工资标准参照国家公务员工资标准和私营企业中从事相同工作人

① 刘昕：《薪酬管理》，中国人民大学出版社 2002 年版，第 39 页。

员的工资标准，与他们的工资标准取齐。法国《军人普通地位法》中明确规定：军官享受 A 类国家公务员的工资待遇。

此外，国家面临的安全形势、国防战略和不同类型军人等因素也会影响军人工资水平定位策略的选择。首先，国家面临的国内外安全形势在一定程度上决定国家实施何种军人工资水平定位策略。如果国家面临的安全形势比较严峻，它通常会倾向于实施军人工资水平领先策略，以提升军队士气，激励军人捍卫国家安全。而在和平时期，军队作为威慑性力量，军人工资水平通常实施跟随策略。例如，2013 年朝鲜进行了第三次核试验，导致韩国翌年国防费增长了 4%，并在 2015 财年再次增加国防费，增加的相当份额的国防费中用于提高军人工资待遇。其次，军事战略的性质也会影响军人工资水平定位策略。如一国实施防御型军事战略，军人工资水平通常选择跟随策略；而一国实施扩张型军事战略，军人工资水平则通常选择领先策略。例如，近年来俄罗斯面临的国际局势动荡不安，使得其加强军事力量的需求更加迫切。2012 年出台的《俄罗斯联邦工资比较法》中规定，初级军官的工资为普通工人（职员）工资的 5 倍。最后，对于军队中特殊人群和亟须保留的人员等，通常会采取工资水平领先策略，以吸引和保留军队所需的稀缺人才。例如，美国国防部感到征召医务人员非常困难，为缩小军地工资差别，制定了 6 种专项军医工资方案。英国针对近年来军队中高级别工程师大量流失的问题，专门实施“财务保留刺激计划”。

二、明确关键保障群体，实施差异化工资保障策略

世界典型国家在设计军人工资制度前，都十分重视影响军队建设发展和部队战斗力提升的核心群体与关键人员，将其作为工资保障重点，并针对不同的保障对象实施差异化的工资保障，以促进军队建设发展。

军队的根本职能是保障国家安全和维护国家利益，因而世界典型国家普遍重视提升军队战斗力，注重吸引和保留军队所需人才。据此将军人工资的核心保障群体确定为作战部队和军事科技研发群体等。由于各国军人基本工

资标准均全军统一，对于这部分军人群体大都通过设置各类津贴补贴或奖金制度，来补偿其劳动付出和奖励其贡献价值，从而合理体现军队核心保障群体与一般保障群体间的工资关系。例如，美军对执行特殊任务和具有特种技术的现役军人设立了 50 多种特殊津贴和奖金。

同时，由于军队是一个包含多个专业门类、多种劳动性质、各种类别人员的特殊组织，不同类别人员从事不同类型的工作，其肩负的战略职责也不相同；不同类型劳动的复杂程度与技术含量要求对军人的素质和技能的要求也各不相同；不同的劳动方法与工作形式对劳动量的计量方法要求也不相同；不同的劳动对象与工作任务，其劳动成果和贡献大小也不相同；不同类型的劳动，其衡量方法也不相同，如有的劳动注重过程，有的劳动强调成果。因此，世界典型国家针对不同类型的军人和不同类别的劳动，通过设置津贴补贴、实施专项工资激励计划等差异化保障模式有效体现了不同军人的劳动特征，较好贯彻了按劳分配和按要素分配相结合原则，调动了军人工作的积极性、主动性和创造性。例如，法军实施军人待遇改善计划、军人职业化保障基金计划和按职责评定军衔计划等多项计划，提高军人工资收入水平。

三、明晰工资支付依据，发挥工资项目的保障效能

军队是典型的科层制组织，其组织设置呈金字塔型，每一层级都有明确的职责和相应的任务，每一级的工作都有明确的程序和方法，不同层次、不同部门之间的关系明确清晰，各个职位都有着详细的工作目标和工作要求。因此，世界典型国家对于军人的基本工资通常选择职位导向型工资支付模式[①]，较好体现了基本工资的稳定性和保障性，有利于军队实行高度集中统一管理。但职位导向型基本工资制度也存在一定局限性，最突出问题是刚性较强，对军人的激励手段单一，工资增长主要通过职衔晋升途径来实现，且

① 职位导向型工资支付模式是通过职位分析和职位评价，来确立组织内部职位等级，将工作难度、对组织重要性同工资相联系，以建立内部公平的工资体系。

不能反映出不同人员在同一职位上工作绩效的差别。因而在军人津贴补贴设计上，世界典型国家汲取能力导向型[①]和绩效导向型[②]工资支付模式的有益理念，津贴项目设置从简单依据按劳分配原则向依据按劳分配与按军事人力资本、风险要素、管理要素和科学技术要素分配相结合的原则转变；在津贴标准上，由平均主义向体现个人人力资本差异、战略职责轻重和贡献大小转变，向体现军内高低职务之间责任差异、简单与复杂劳动之间的劳动差别转变。同时，各国依据不同类别军人的劳动性质，在全军统一的基本工资制度下，设计具有弹性的奖金制度，通过业绩来直接反映不同军人的能力、努力程度和行为态度等方面的差异，引导军人个体行为与组织目标相一致。

四、把握工资项目特性，优化军人工资的组合模式

通过分析世界典型国家军人工资项目构成，大体可分为基本工资、津贴、补贴和奖金四个部分。根据工资的差异性和可变性这两大维度设立坐标系，可将这四个项目纳入其中，如图 7-1 所示[③]。

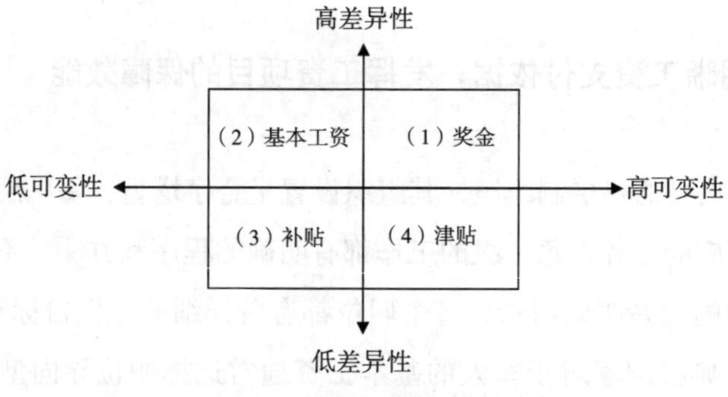

图 7-1 军人工资项目的可变性和差异性比较

---

① 能力导向型工资支付模式是以人力资本理论为指导，将劳动者拥有的人力资本作为可为组织创造价值的资本；将劳动者与工作相关的能力、技术、知识等作为其工资确定的依据。

② 绩效导向型工资支付模式承认劳动者的工作绩效差异，将劳动者业绩通过目标设定、绩效评估等与工资相联系，较少关注努力程度而多关注成果，强调业绩的组织文化与战略目标相适应。

③ 冉斌：《薪酬设计与管理》，海天出版社 2002 年版，第 137 页。

第一象限：奖金具有高差异性和高可变性。奖金与军人的工作绩效直接挂钩，通过其高差异性起到较强的激励和引导作用。同时通过奖金的调整，可以反映军事战略和军队发展规划的变化，从而引导军人个体及时调整自身工作思路、知识结构、技能素质以适应形势的变化，因而具有高可变性。

第二象限：基本工资具有高差异性和低可变性。基本工资主要反映在正常情况下军人个体的劳动付出，它是保障军人物质文化生活需要的费用，反映了军队特有的组织文化和氛围，其设计得是否公平合理直接影响军人工资关系的和谐程度。基本工资作为保障军人基本物质文化生活需要的费用，具有较强的刚性，标准确定后变化小。同时，军人的基本工资标准取决于军衔、职务和服役年限等因素，军队内部各职衔人员间具有严格的工资等级差别，因而其差异性明显。

第三象限：补贴是国家以货币形式给予军人的各种物价性和福利性经济补偿的总和，具有低差异性和低可变性。军人补贴着眼于职业特点、生活环境、生活水平等因素而设置，具有较强的公平性。其目的是提高军人工作的积极性和满意度，增强军人对国家、军队的忠诚感，以吸引和保留军人扎根军营、献身国防。军人的补贴是根据国家和军队的相应法律法规而制定，所以其差异性和可变性相对较低。

第四象限：津贴是国家以货币形式定期给予军人的补偿性和鼓励性报酬，具有低差异性和高可变性。津贴作为与军人劳动、贡献程度相关的劳动报酬，它不仅要弥补不利的工作条件、工作环境给军人身心带来的损失，还要按照军人的工作性质、工作表现、军事人力资本存量等因素，给予军人相应的经济待遇。由于军人工作的地区、岗位及其工作业绩贡献不同，其享受的要素性津贴也应不同，因而其具有高可变性。但要素性津贴制度一旦确定下来，就必须对从事同种工作的军人一视同仁，实施相应的保障标准，因而具有低差异性。

上述军人工资的四大项目按照不同的比例进行组合，就会形成不同的工资组合模式。一是高弹性工资组合模式。这是一种激励性较强的工资模式，奖金是工资收入中的主要组成部分，基本工资处于次要的地位。人员能获取工资的多少，主要依赖于其工作业绩的好坏。二是高稳定性工资组合模式。这是一种稳定性很强的工资模式，固定工资是工资收入的主要组成部分，浮动工资处于次要的地位，所占的比例非常低。人员的工资收入非常稳定，只要按部就班工作就基本能获得规定的全额工资。三是调和型工资组合模式。这是一种激励性和稳定性兼有的工资模式，固定工资和浮动工资各占总工资收入一定的比例。当对这两者的比例关系进行调整时，这种工资组合可以演变为以激励为主的高弹性工资组合模式，也可以转变成为以保障为主的高稳定性工资组合模式[①]。

通过对世界典型国家军人工资的结构状况分析，可以发现各国军人的工资组合倾向于高稳定性工资组合模式。由于军人劳动产出——国防安全具有不可分割性和难以量化性，完全根据军人个体的劳动产出绩效来支付工资的高弹性工资组合模式是不可行的。因此，各国在保障军人基本生存、发展和享受需要的基础上，往往设置享受条件明确的津贴补贴项目和体现业绩贡献的奖金，来体现军人个体在自身禀赋、劳动付出、努力程度和工作绩效等方面的差异。

第三节 对策层面的启示

一、合理选择参照对象，是军人工资制度设计的首要前提

在市场经济发达的国家，军人基本工资往往参照市场工资率来制定，例如美国和英国。美国的《美国军事法典》和《联邦雇员工资比较法》规定，军人和联邦政府雇员的工资标准每年要与私营企业中从事同类工作雇员的工资标准进行对比和审查，并同步增长。英国军人工资决策部门是以市场工资率作为基本参数，按军人类别与工作条件、工作性质相似的地方部门或公司

① 高喜臣:《战略性薪酬体系研究》，吉林大学 2005 年，第 42 ～ 43 页。

中相应资历、能力的管理者、职员、工人进行对比后，综合考虑军人职业特殊性后来确定军人工资水平。在实行公务员制度的国家，如俄、法、日、韩等国，军人基本工资是参照政府公务员工资标准制定的或完全采取公务员的基本工资标准。俄罗斯政府在出台的《军人社会保障改革纲要》中明确"军人的工资制度纳入政府公务员体系，随着国家公务员加薪而自动增长"。法国自 1948 年公布《国家公务员报酬法》以来，一直对公务员、法官和现役军人统一实行指数工资制度。日本在《国家公务员法》和《自卫队设置法》中都明确自卫队员身份为"特殊职公务员"。韩国在《公务员法》中也明确规定，军人属于"特定职公务员"。

世界典型国家在科学选择军人基本工资参照对象后，还根据军人职业特殊性，设立了种类多、范围广、标准高的各种津贴补贴，使军人群体居于合理的社会经济阶层。2015 年美军少尉年工资收入达到 50,848.56 美元，同期全美平均年收入为 54,658 美元，这表明美军军官工资收入处于社会中上收入阶层。2012 年俄军最低一级士兵的月平均工资已接近社会各行业平均工资，上尉连长的月工资为社会各行业月平均工资的 2 倍，集团军司令工资更是制造业、纺织业等行业月平均工资的 5 倍多。2015 年日本军官比国家公务员年工资高出约 10%，同期公务员在社会主要职业中名列第二，可见在日本将军人群体定位在社会中上收入阶层。2013 年韩国中校军官的年工资收入为 84,774 千韩元，同期社会排名第二十位的职业会计年收入为 68,530 千韩元，表明韩国中校（含）以上军官的工资收入已跻身高收入职业的行列。合理选择军人工资参照系，科学定位军人群体的社会经济阶层，对于保持军队稳定、保留优秀人才和增强军队吸引力至关重要，也是协调军地工资关系的政策导向和制度选择。

二、规范工资管理体系，是保障军人工资待遇的基础工作

世界典型国家普遍采取法律手段来维护军人的经济权益。一些国家在国防法或有关军人地位的军事基本法中对军人工资待遇作出了明确规定，以指

导专门性的军人工资立法。如美国国会众议院法律修订咨议局编纂的《美利坚合众国法典》中，设有《军职部门的基本工资、补贴和特殊津贴与奖金》，内容多达11章，对军人的基本工资、补贴、特殊津贴和奖金的数额标准、计算方法、发放时间、拨用和分配等作了详实的规定。俄罗斯国家杜马1998年通过的《俄联邦军人地位法》第十二条、十三条规定了军人的工资和各项补贴，共计15款，确立了俄罗斯军人的工资结构，具体数额“按照军人工资基本数额统一标准，由俄罗斯联邦政府根据俄罗斯联邦国防部方案制定”；法国的《公务员权利和义务章程》、《国家公务员章程》、《军人普通地位法》、《国家公务员报酬法》等都有涉及规定军人工资待遇的条款。由于军人工资制度是一项具体而复杂的工作，难以在军事基本法中作出全面规定，所以各国都在专门的军人工资法律中或在国家单项法律中对军人工资待遇给予明确界定。2011年俄罗斯颁布了《俄联邦军人薪金与补贴法》，对军人工资项目与结构、参照对象、工资标准及工资立法权限、管理机制、增资机制等进行了明确。日本在《关于防卫厅职员薪饷的法律》中对军人工资待遇作出了明确规定。2008年经韩国国会审议通过《军人工薪基本法》，对军人工资待遇和相关权利进行了全面、系统规范。

世界典型国家立足于本国国情军情，通过一整套严密规范的管理机制来保障军人工资待遇有效落实，其中以美、韩两国军人工资运行管理机制最为科学可行，具有一定的借鉴意义。美国一般先由国防部确定军人工资调整预案，纳入国防预算申请，经隶属于总统的行政管理与预算局、众议院预算委员会、国会预算办公室和国会总会计办公室等部门审查后，通过《国防授权法》和《国防拨款法》，对军人工资待遇具体开支项目分别进行授权和拨款；国防部负责将军人工资法律具体化为实施条例和实施细则，并监督法律、条例、规章和制度以及调整改革方案的贯彻执行；此外，国防部国防力量和管理部部长每四年组织对军人工资状况进行一次评估，并形成军队工资收入评估报告（QRMC），上报参议院军事委员会及下属人力资源办公室审议；且由总统主持军人工资的信息调查工作，调查工作结束后要向国会提交报告，并明确提出军人工资调整建议。韩国以《军人工薪基本法》为指引框架，每五年根据国际国内形势和军队建设需求动态制定《军人工薪基本计划》，使军人工资制度运行既有法律支撑，又有切实可行的实施计划来保障。

三、确定工资项目构成，是发挥军人工资效能的重要载体

1. 世界典型国家在确定基本工资的项目构成时，一般从工资项目的功能作用出发，以确定基本工资是采取“单一式”还是选择“结构式”。美、英、法、日、韩等国实行“单一的军衔制工资”，其认为军衔可以综合反映一个军人的价值和贡献，利于理顺军队内部的工资关系，且工资标准直观明了，便于操作。同时，世界典型国家军人基本工资占工资收入的比重均超过 50%，使其在军人工资中居于主体地位。因此，我军工资制度改革，同样应对基本工资的各构成项目进行功能分析，以明确各个项目具体发挥哪些作用，逐步建立与军衔主导的等级制度相匹配的军人工资制度，并调整基本工资占工资收入比重，明确其主体地位。

2. 世界典型国家军队的津贴补贴设置较科学，除了少数项目，如生活补贴、伙食补贴、住房补贴等全军共享外，大多数项目均按照军人的劳动特点来设置。提供什么样的劳动，就享受什么样的津贴补贴项目；提供多少劳动，就享受多少津贴补贴标准，从而保持津贴补贴的项目供给与军事劳动需求基本趋于均衡。例如，美军补贴针对军人生活和工作方面的共性需求，设置了 30 多项补贴项目；对执行特殊任务或具有特种技术的现役军人设立了 50 多种特殊津贴和奖金，以能够根据不同的技能需求、特殊地域以及任务特征来灵活地保障个体劳动付出和评价军人业绩贡献。

3. 世界典型国家在设置军人津贴补贴项目时，充分考虑军人职业的特殊性，对于应构建怎样的军人津贴补贴体系、设置哪些项目以及定位各项目标准水平等问题时，都对各专业、岗位及军人从军的机会成本等因素进行全面分析，以提高津贴补贴体系的配套性、科学性和稳定性。法军根据与军人职业的相关程度为界限，将军队特有的津贴补贴分为军事行动相关性津贴、军事行动非相关性补贴。英军鉴于军人服役的特殊环境与民用部门存在较大的

差异，设置了特色军人工资项目——军地差别补贴（X 要素补贴），用于补偿军人在整个职业生涯中所面临的经常性问题，体现了其工资制度设计的人性化和精细化。

四、健全工资增长机制，是理顺军人工资关系的必备措施

军人工资随着国家经济发展而同步增长，已经成为世界典型国家的共识。

1. 军人的基本工资有一个定期、稳定的增长制度。美、英、法、日、韩等国按军衔确定工资级别，各级别再划分为若干工资档次，军人在军衔晋升时其工资也随之上调一级。同时，各国军人的基本工资还随着服役年限的增长而定期增长，即在军衔不动的情况下，军人基本工资也能定期上调一个档次。按照这种办法，军人只要晋升军衔，便进入新的工资级别，工资便会得到较大幅度的增长；军衔不晋升时，服役一定期限且考核合格，便可上调一个工资档次。各国在调整军人工资档次时，通常按一定的服役年限来确定。如美军的工资档次按 2 年的间隔确定，从任职不足 2 年到任职 40 年，军衔级别的工资档次最多为 22 个；日军每个军衔级别的工资档次（日军称薪号）按 1 年的间隔确定，因而其工资档次更多，如少尉和准尉的薪号高达 145 个。这一工资增长机制有两大好处：一个是军人工资增长的时间间隔短。由于以军衔为基础的档次工资的增资间隔一般为 1 ～ 2 年，所以军人的工资可按规定年限定期调整，不至于多年不变。另一个是确保军人在军衔不晋升的情况下也能不断增加工资。

2. 军人工资随着国家经济运行状况和物价变动情况，定期或不定期调整。一般来说，在市场经济条件下，物价总是处于不断的变动之中。因此，为保证军人的生活水平不因物价上涨而下降，世界典型国家大都规定军人工资标准随物价指数上涨而提高。具体增加多少主要取决于通货膨胀率状况，同时，还要参照本国地方人员工资状况等因素来决定军人的增资幅度。具体表现为：①军人工资标准随经济发展状况适时调整。如俄军工资的调整要综合考虑整个社会经济环境运行状况和国内生活费上涨指数等因素，尤其要关

注社会劳动报酬的提高程度。②军人工资增长率大于物价上涨指数。如日本规定每年要编写一次工资调整“劝告书”，一般而言，军人的工资增长率都大于物价上涨指数。2014 年韩国军人工资整体标准提高了 2.8%，而同期韩国的 CPI 指数为 1.3%。③军人工资的增长幅度大于地方工作人员工资增幅。如 2015 年美军基本工资标准较 2014 年提高了 1.0%，2016 年美军基本工资标准较 2015 年提高了 1.3%，2014 年第四季度、2015 年第四季度美国雇佣成本指数分别 0.7% 和 0.6%，美军基本工资涨幅高于私营企业雇员的工资涨幅约 0.5%。

附录

附表 1　　**美国现役军人月基本工资标准表（2014 年 1 月 1 日起生效）**

单位：美元 / 月

军衔 \ 服役年数	≤ 2 年	> 2 年	> 3 年	> 4 年	> 6 年	> 8 年	> 10 年	> 12 年	> 14 年	> 16 年	> 18 年
上将（O-10[1]）											
中将（O-9[1]）											
少将（O-8[1]）	9,946.20	10,272.00	10,488.30	10,548.60	10,818.60	11,269.20	11,373.90	11,802.00	11,924.70	12,293.40	12,827.10
准将（O-7[1]）	8,264.40	8,648.40	8,826.00	8,967.30	9,222.90	9,475.80	9,767.70	10,058.00	10,351.20	11,269.20	12,043.80
上校（O-6[2]）	6,125.40	6,729.60	7,171.20	7,171.20	7,198.50	7,507.20	7,547.70	7,547.70	7,976.70	8,735.10	9,180.30
中校（O-5）	5,106.60	5,752.50	6,150.60	6,225.60	6,474.30	6,622.80	6,949.50	7,189.50	7,499.70	7,974.00	8,199.30
少校（O-4）	4,405.80	5,100.30	5,440.80	5,516.40	5,832.30	6,171.00	6,593.10	6,921.30	7,149.60	7,280.70	7,356.60
上尉（O-3）	3,873.90	4,391.40	4,739.70	5,167.80	5,415.30	5,687.10	5,862.60	6,151.50	6,302.40	6,302.40	6,302.40
中尉（O-2）	3,347.10	3,812.10	4,390.50	4,538.70	4,632.30	4,632.30	4,632.30	4,632.30	4,632.30	4,632.30	4,632.30
少尉（O-1）	2,905.20	3,024.00	3,655.50	3,655.50	3,655.50	3,655.50	3,655.50	3,655.50	3,655.50	3,655.50	3,655.50
上尉（O-3[3]）				5,167.80	5,415.30	5,687.10	5,862.60	6,151.50	6,395.40	6,535.50	6,726.00
中尉（O-2[3]）				4,538.70	4,632.30	4,779.90	5,028.60	5,220.90	5,364.30	5,364.30	5,364.30

续表

军衔 \ 服役年数	≤2年	＞2年	＞3年	＞4年	＞6年	＞8年	＞10年	＞12年	＞14年	＞16年	＞18年
少尉（O-13）				3,655.50	3,903.30	4,047.90	4,195.20	4,340.10	4,538.70	4,538.70	4,538.70
特级准尉（W-5）											
一级准尉（W-4）	4,003.50	4,306.50	4,429.80	4,551.60	4,761.00	4,968.30	5,178.00	5,493.90	5,770.50	6,033.90	6,249.30
二级准尉（W-3）	3,655.80	3,808.20	3,964.50	4,015.80	4,179.60	4,501.80	4,837.20	4,995.00	5,177.70	5,366.10	5,704.50
三级准尉（W-2）	3,234.90	3,540.90	3,635.40	3,699.90	3,909.90	4,236.00	4,397.40	4,556.40	4,751.10	4,902.90	5,040.60
四级准尉（W-1）	2,839.80	3,145.20	3,227.40	3,401.10	3,606.60	3,909.30	4,050.60	4,247.70	4,442.40	4,595.40	4,735.80
指挥士官（E-9[4]）							4,836.90	4,946.40	5,084.70	5,246.70	5,411.10
一级士官（E-8）						3,959.40	4,134.30	4,242.90	4,372.80	4,513.80	4,767.60
二级士官（E-7）	2,752.50	3,004.20	3,119.10	3,271.50	3,390.60	3,594.90	3,709.80	3,914.40	4,084.20	4,200.30	4,323.90
三级士官（E-6）	2,380.80	2,619.60	2,735.10	2,847.60	2,964.90	3,228.60	3,331.50	3,530.40	3,591.30	3,635.70	3,687.30
上士（E-5）	2,181.00	2,327.40	2,440.20	2,555.10	2,734.50	2,922.30	3,076.20	3,094.80	3,094.80	3,094.80	3,094.80
中士（E-4）	1,999.50	2,101.80	2,215.80	2,328.00	2,427.30	2,427.30	2,427.30	2,427.30	2,427.30	2,427.30	2,427.30
下士（E-3）	1,805.40	1,918.80	2,034.90	2,034.90	2,034.90	2,034.90	2,034.90	2,034.90	2,034.90	2,034.90	2,034.90
一等兵（E-2）	1,716.90	1,716.90	1,716.90	1,716.90	1,716.90	1,716.90	1,716.90	1,716.90	1,716.90	1,716.90	1,716.90
列兵（E-1[5]）	1,531.50										
军衔 \ 服役年数	＞20年	＞22年	＞24年	＞26年	＞28年	＞30年	＞32年	＞34年	＞36年	＞38年	＞40年
上将（O-10[1]）	16,072.20	16,150.50	16,486.80	17,071.50	17,071.50	17,925.30	17,925.30	18,821.10	18,821.10	19,762.50	19,762.50

续表

军衔 \ 服役年数	＞20 年	＞22 年	＞24 年	＞26 年	＞28 年	＞30 年	＞32 年	＞34 年	＞36 年	＞38 年	＞40 年
中将（O-9[1]）	14,056.80	14,259.90	14,552.10	15,062.40	15,062.40	15,816.00	15,816.00	16,606.80	16,606.80	17,436.90	17,436.90
少将（O-8[1]）	13,319.10	13,647.30	13,647.30	13,647.30	13,647.30	13,989.00	13,989.00	14,338.50	14,338.50	14,338.50	14,338.50
准将（O-7[1]）	12,043.80	12,043.80	12,043.80	12,105.60	12,105.60	12,347.70	12,347.70	12,347.70	12,347.70	12,347.70	12,347.70
上校（O-6[2]）	9,625.20	9,878.40	10,134.60	10,632.00	10,632.00	10,844.10	10,844.10	10,844.10	10,844.10	10,844.10	10,844.10
中校（O-5）	8,422.20	8,675.70	8,675.70	8,675.70	8,675.70	8,675.70	8,675.70	8,675.70	8,675.70	8,675.70	8,675.70
少校（O-4）	7,356.60	7,356.60	7,356.60	7,356.60	7,356.60	7,356.60	7,356.60	7,356.60	7,356.60	7,356.60	7,356.60
上尉（O-3）	6,302.40	6,302.40	6,302.40	6,302.40	6,302.40	6,302.40	6,302.40	6,302.40	6,302.40	6,302.40	6,302.40
中尉（O-2）	4,632.30	4,632.30	4,632.30	4,632.30	4,632.30	4,632.30	4,632.30	4,632.30	4,632.30	4,632.30	4,632.30
少尉（O-1）	3,655.50	3,655.50	3,655.50	3,655.50	3,655.50	3,655.50	3,655.50	3,655.50	3,655.50	3,655.50	3,655.50
上尉（O-3[3]）	6,726.00	6,726.00	6,726.00	6,726.00	6,726.00	6,726.00	6,726.00	6,726.00	6,726.00	6,726.00	6,726.00
中尉（O-2[3]）	5,364.30	5,364.30	5,364.30	5,364.30	5,364.30	5,364.30	5,364.30	5,364.30	5,364.30	5,364.30	5,364.30
少尉（O-1[3]）	4,538.70	4,538.70	4,538.70	4,538.70	4,538.70	4,538.70	4,538.70	4,538.70	4,538.70	4,538.70	4,538.70
特级准尉（W-5）	7,118.40	7,479.60	7,748.40	8,046.30	8,046.30	8,448.90	8,448.90	8,871.00	8,871.00	9,315.00	9,315.00
一级准尉（W-4）	6,459.30	6,768.00	7,021.80	7,311.00	7,311.00	7,457.10	7,457.10	7,457.10	7,457.10	7,457.10	7,457.10
二级准尉（W-3）	5,933.10	6,069.90	6,215.40	6,413.10	6,413.10	6,413.10	6,413.10	6,413.10	6,413.10	6,413.10	6,413.10
三级准尉（W-2）	5,205.30	5,313.60	5,399.70	5,399.70	5,399.70	5,399.70	5,399.70	5,399.70	5,399.70	5,399.70	5,399.70
四级准尉（W-1）	4,906.80	4,906.80	4,906.80	4,906.80	4,906.80	4,906.80	4,906.80	4,906.80	4,906.80	4,906.80	4,906.80
指挥士官（E-9[4]）	5,673.60	5,895.60	6,129.30	6,486.90	6,486.90	6,810.90	6,810.90	7,151.70	7,151.70	7,509.60	7,509.60

续表

服役年数 军衔	＞20年	＞22年	＞24年	＞26年	＞28年	＞30年	＞32年	＞34年	＞36年	＞38年	＞40年
一级士官（E-8）	4,896.30	5,115.30	5,236.80	5,535.90	5,535.90	5,647.20	5,647.20	5,647.20	5,647.20	5,647.20	5,647.20
二级士官（E-7）	4,371.60	4,532.40	4,618.50	4,946.70	4,946.70	4,946.70	4,946.70	4,946.70	4,946.70	4,946.70	4,946.70
三级士官（E-6）	3,687.30	3,687.30	3,687.30	3,687.30	3,687.30	3,687.30	3,687.30	3,687.30	3,687.30	3,687.30	3,687.30
上士（E-5）	3,094.80	3,094.80	3,094.80	3,094.80	3,094.80	3,094.80	3,094.80	3,094.80	3,094.80	3,094.80	3,094.80
中士（E-4）	2,427.30	2,427.30	2427.30,	2,427.30	2,427.30	2,427.30	2,427.30	2,427.30	2,427.30	2,427.30	2,427.30
下士（E-3）	2,034.90	2,034.90	2,034.90	2,034.90	2,034.90	2,034.90	2,034.90	2,034.90	2,034.90	2,034.90	2,034.90
一等兵（E-2）	1,716.90	1,716.90	1,716.90	1,716.90	1,716.90	1,716.90	1,716.90	1,716.90	1,716.90	1,716.90	1,716.90

说明：

1. O表示（持有委任状的）军官，O-1至O-10依次表示少尉到上将的各级尉、校级军官；
2. W表示准尉，W-1至W-5表示各级准尉；
3. E表示士兵，E-1至E-9依次表示列兵、一等兵、下士、中士、上士、三级士官、二级士官、一级士官、指挥士官。
4. 军校学员、海军院校学员和后备军官训练队人员基本工资是1,017.00美元。

资料来源：http://www.dtic.mil/comptroller/fmr/07a/index.html.

附表 2

美国现役军人月基本工资标准表（2015 年 1 月 1 日起生效）

单位：美元 / 月

军衔＼服役年数	≤ 2 年	> 2 年	> 3 年	> 4 年	> 6 年	> 8 年	> 10 年	> 12 年	> 14 年	> 16 年	> 18 年
上将（O-10[1]）											
中将（O-9[1]）											
少将（O-8[1]）	9,946.20	10,272.00	10,488.30	10,548.60	10,818.60	11,269.20	11,373.90	11,802.00	11,924.70	12,293.40	12,827.10
准将（O-7[1]）	8,264.40	8,648.40	8,826.00	8,967.30	9,222.90	9,475.80	9,767.70	10,058.00	10,351.20	11,269.20	12,043.80
上校（O-6[2]）	6,186.60	6,796.80	7,242.90	7,242.90	7,270.50	7,582.20	7,623.30	7,623.30	8,056.50	8,822.40	9,272.10
中校（O-5）	5,157.60	5,810.10	6,212.10	6,288.00	6,539.10	6,689.10	7,019.10	7,261.50	7,574.70	8,053.80	8,281.20
少校（O-4）	4,449.90	5,151.30	5,495.10	5,571.60	5,890.50	6,232.80	6,659.10	6,990.60	7,221.00	7,353.60	7,430.10
上尉（O-3）	3,912.60	4,435.20	4,787.10	5,219.40	5,469.60	5,744.10	5,921.10	6,213.00	6,365.40	6,365.40	6,365.40
中尉（O-2）	3,380.70	3,850.20	4,434.30	4,584.00	4,678.50	4,678.50	4,678.50	4,678.50	4,678.50	4,678.50	4,678.50
少尉（O-1）	2,934.30	3,054.30	3,692.10	3,692.10	3,692.10	3,692.10	3,692.10	3,692.10	3,692.10	3,692.10	3,692.10
上尉（O-3[3]）				5,219.40	5,469.60	5,744.10	5,921.10	6,213.00	6,459.30	6,600.90	6,793.20
中尉（O-2[3]）				4,584.00	4,678.50	4,827.60	5,079.00	5,273.10	5,418.00	5,418.00	5,418.00
少尉（O-1[3]）				3,692.10	3,942.30	4,088.40	4,237.20	4,383.60	4,584.00	4,584.00	4,584.00
特级准尉（W-5）											
一级准尉（W-4）	4,043.40	4,349.70	4,474.20	4,597.20	4,808.70	5,018.10	5,229.90	5,548.80	5,828.10	6,094.20	6,311.70
二级准尉（W-3）	3,692.40	3,846.30	4,004.10	4,056.00	4,221.30	4,546.80	4,885.50	5,045.10	5,229.60	5,419.80	5,761.50
三级准尉（W-2）	3,267.30	3,576.30	3,671.70	3,736.80	3,948.90	4,278.30	4,441.50	4,602.00	4,798.50	4,951.80	5,091.00

续表

军衔＼服役年数	≤ 2 年	＞ 2 年	＞ 3 年	＞ 4 年	＞ 6 年	＞ 8 年	＞ 10 年	＞ 12 年	＞ 14 年	＞ 16 年	＞ 18 年
四级准尉（W-1）	2,868.30	3,176.70	3,259.80	3,435.00	3,642.60	3,948.30	4,091.10	4,290.30	4,486.80	4,641.30	4,783.20
指挥士官（E-9[4]）							4,885.20	4,995.90	5,135.40	5,299.20	5,465.10
一级士官（E-8）						3,999.00	4,175.70	4,285.20	4,416.60	4,558.80	4,815.30
二级士官（E-7）	2,780.10	3,034.20	3,150.30	3,304.20	3,424.50	3,630.90	3,747.00	3,953.40	4,125.00	4,242.30	4,367.10
三级士官（E-6）	2,404.50	2,645.70	2,762.40	2,876.10	2,994.60	3,261.00	3,364.80	3,565.80	3,565.80	3,672.00	3,724.20
上士（E-5）	2,202.90	2,350.80	2,464.50	2,580.60	2,761.80	2,951.40	3,107.10	3,125.70	3,125.70	3,125.70	3,125.70
中士（E-4）	2,019.60	2,122.80	2,238.00	2,351.40	2,451.60	2,451.60	2,451.60	2,451.60	2,451.60	2,451.60	2,451.60
下士（E-3）	1,823.40	1,938.00	2,055.30	2,055.30	2,055.30	2,055.30	2,055.30	2,055.30	2,055.30	2,055.30	2,055.30
一等兵（E-2）	1,734.00	1,734.00	1,734.00	1,734.00	1,734.00	1,734.00	1,734.00	1,734.00	1,734.00	1,734.00	1,734.00
列兵（E-1[5]）	1,546.80										
军衔＼服役年数	＞ 20 年	＞ 22 年	＞ 24 年	＞ 26 年	＞ 28 年	＞ 30 年	＞ 32 年	＞ 34 年	＞ 36 年	＞ 38 年	＞ 40 年
上将（O-10[1]）	16,072.20	16,150.50	16,486.80	17,071.50	17,071.50	17,925.30	17,925.30	18,821.10	18,821.10	19,762.50	19,762.50
中将（O-9[1]）	14,056.80	14,259.90	14,552.10	15,062.40	15,062.40	15,816.00	15,816.00	16,606.80	16,606.80	17,436.90	17,436.90
少将（O-8[1]）	13,319.10	13,647.30	13,647.30	13,647.30	13,647.30	13,989.00	13,989.00	14,338.50	14,338.50	14,338.50	14,338.50
准将（O-7[1]）	12,043.80	12,043.80	12,043.80	12,105.60	12,105.60	12,347.70	12,347.70	12,347.70	12,347.70	12,347.70	12,347.70
上校（O-6[2]）	9,721.50	9,977.10	10,236.00	10,738.20	10,738.20	10,952.40	10,952.40	10,952.40	10,952.40	10,952.40	10,952.40
中校（O-5）	8,506.50	8,762.40	8,762.40	8,762.40	8,762.40	8,762.40	8,762.40	8,762.40	8,762.40	8,762.40	8,762.40

续表

军衔 \ 服役年数	＞20年	＞22年	＞24年	＞26年	＞28年	＞30年	＞32年	＞34年	＞36年	＞38年	＞40年
少校（O-4）	7,430.10	7,430.10	7,430.10	7,430.10	7,430.10	7,430.10	7,430.10	7,430.10	7,430.10	7,430.10	7,430.10
上尉（O-3）	6,365.40	6,365.40	6,365.40	6,365.40	6,365.40	6,365.40	6,365.40	6,365.40	6,365.40	6,365.40	6,365.40
中尉（O-2）	4,678.50	4,678.50	4,678.50	4,678.50	4,678.50	4,678.50	4,678.50	4,678.50	4,678.50	4,678.50	4,678.50
少尉（O-1）	3,692.10	3,692.10	3,692.10	3,692.10	3,692.10	3,692.10	3,692.10	3,692.10	3,692.10	3,692.10	3,692.10
上尉（O-3[3]）	6,793.20	6,793.20	6,793.20	6,793.20	6,793.20	6,793.20	6,793.20	6,793.20	6,793.20	6,793.20	6,793.20
中尉（O-2[3]）	5,418.00	5,418.00	5,418.00	5,418.00	5,418.00	5,418.00	5,418.00	5,418.00	5,418.00	5,418.00	5,418.00
少尉（O-1[3]）	4,584.00	4,584.00	4,584.00	4,584.00	4,584.00	4,584.00	4,584.00	4,584.00	4,584.00	4,584.00	4,584.00
特级准尉（W-5）	7,189.50	7,554.30	7,825.80	8,126.70	8,126.70	8,533.50	8,533.50	8,959.80	8,959.80	9,408.30	9,408.30
一级准尉（W-4）	6,523.80	6,835.80	7,092.00	7,384.20	7,384.20	7,531.80	7,531.80	7,531.80	7,531.80	7,531.80	7,531.80
二级准尉（W-3）	5,992.50	5,992.50	5,992.50	6,477.30	6,477.30	6,477.30	6,477.30	6,477.30	6,477.30	6,477.30	6,477.30
三级准尉（W-2）	5,257.50	5,366.70	5,366.70	5,366.70	5,366.70	5,366.70	5,366.70	5,366.70	5,366.70	5,366.70	5,366.70
四级准尉（W-1）	4,956.00	4,956.00	4,956.00	4,956.00	4,956.00	4,956.00	4,956.00	4,956.00	4,956.00	4,956.00	4,956.00
指挥士官（E-9[4]）	5,730.30	5,954.70	6,190.50	6,551.70	6,551.70	6,879.00	6,879.00	7,223.10	7,223.10	7,584.60	7,584.60
一级士官（E-8）	4,945.20	5,166.60	5,289.30	5,591.40	5,591.40	5,703.60	5,703.60	5,703.60	5,703.60	5,703.60	5,703.60
二级士官（E-7）	4,415.40	4,577.70	4,664.70	4,996.20	4,996.20	4,996.20	4,996.20	4,996.20	4,996.20	4,996.20	4,996.20
三级士官（E-6）	3,724.20	3,724.20	3,724.20	3,724.20	3,724.20	3,724.20	3,724.20	3,724.20	3,724.20	3,724.20	3,724.20
上士（E-5）	3,125.70	3,125.70	3,125.70	3,125.70	3,125.70	3,125.70	3,125.70	3,125.70	3,125.70	3,125.70	3,125.70
中士（E-4）	2,451.60	2,451.60	2,451.60	2,451.60	2,451.60	2,451.60	2,451.60	2,451.60	2,451.60	2,451.60	2,451.60

续表

军衔 \ 服役年数	＞20 年	＞22 年	＞24 年	＞26 年	＞28 年	＞30 年	＞32 年	＞34 年	＞36 年	＞38 年	＞40 年
下士（E-3）	2,055.30	2,055.30	2,055.30	2,055.30	2,055.30	2,055.30	2,055.30	2,055.30	2,055.30	2,055.30	2,055.30
一等兵（E-2）	1,734.00	1,734.00	1,734.00	1,734.00	1,734.00	1,734.00	1,734.00	1,734.00	1,734.00	1,734.00	1,734.00

说明：

1. 少尉（O-1[3]）、中尉（O-2[3]）、上尉（O-3[3]）表示曾作为士兵或准尉服现役 4 年以上的军官；

2. 准将、少将和上将级军官的月基本工资不得超过 15,125.10 美元，此为联邦政府第Ⅱ级执行工资的最高限额，O-6 级以下军官的月基本工资不得超过 12,391.80 美元，此为联邦政府第Ⅴ级执行工资的最高限额；

3. 当担任参谋长联席会议主席或副主席、海军作战部长、海军陆战队司令、陆军或空军参谋长、国民警卫队司令或指定的战斗司令部司令时，基本工资为 21,147.30 美元；

4. 海军军士长、陆军或海军陆战队的军士长或参谋长联席会议（JCS）的高级士兵顾问首席军士长，月基本工资是 7,894.50 美元；在作战地区少尉以上军官除享受基本工资外，还享受免税的紧急状态 / 火线执勤津贴 225 美元 / 月；

5. 军校学员、海军院校学员和后备军官训练队人员月基本工资是 1,027.20 美元；

6. 列兵（E-1[5]）级工资适用于 4 个月以上的现役列兵，不到 4 个月现役的列兵的月基本工资是 1,430.40 美元。

资料来源：http://www.dtic.mil/comptroller/fmr/07a/index.html.

附表 3　　2015 年美军生活补贴标准表

单位：美元 / 月

生活基本补贴（2015 年 1 月 1 日生效）	家庭生活补贴（2010 年 10 月 1 日生效）
军官：253.38 美元	所有工资等级不超过 1,100.00 美元
士官 / 士兵：367.92 美元	

资料来源：http：//www.dtic.mil/comptroller/fmr/07a/index.html.

附表 4　　美军基本住房补贴标准表（2015 年 1 月 1 日生效）

单位：美元 / 月

军衔	不带家属基本住房补贴	带家属基本住房补贴	部分住房补贴	特殊住房补贴
上将（O-10[1]）	1,563.60	1,923.30	50.70	333.60
中将（O-9[1]）	1,563.60	1,923.30	50.70	333.60
少将（O-8[1]）	1,563.60	1,923.30	50.70	333.60
准将（O-7[1]）	1,563.60	1,923.30	50.70	333.60
上校（O-6[2]）	1,433.70	1,731.30	39.60	279.00
中校（O-5）	1,380.60	1,669.20	33.00	269.70
少校（O-4）	1,278.90	1,470.90	26.70	179.40
上尉（O-3）	1,025.70	1,217.10	22.20	179.10
中尉（O-2）	812.70	1,038.60	17.70	211.50
少尉（O-1）	697.50	929.70	13.20	228.60
上尉（O-3[3]）	1,107.00	1,308.60	22.20	187.80
中尉（O-2[3]）	941.40	1,180.50	17.70	224.40
少尉（O-1[3]）	818.70	1,091.10	13.20	263.70
特级准尉（W-5）	1,299.90	1,420.80	25.20	112.20
一级准尉（W-4）	1,153.80	1,302.30	25.20	138.30
二级准尉（W-3）	970.50	1,194.00	20.70	208.50
三级准尉（W-2）	861.00	1,096.80	15.90	220.20
四级准尉（W-1）	722.10	949.50	13.80	213.30
指挥士官（E-9[4]）	947.70	1,249.50	18.60	281.40
一级士官（E-8）	870.60	1,152.60	15.30	264.00
二级士官（E-7）	802.50	1,069.80	12.00	305.40
三级士官（E-6）	741.60	988.20	9.90	295.20
上士（E-5）	666.90	889.20	8.70	251.10
中士（E-4）	580.20	782.80	8.10	217.20
下士（E-3）	539.40	718.80	7.80	177.90
一等兵（E-2）	514.20	684.90	7.20	237.90
列兵（E-1[5]）	514.20	684.90	6.90	281.40

资料来源：http://www.dtic.mil/comptroller/fmr/07a/index.html.

附表 5

韩国军人 2014 年工资标准明细表

单位：千韩元

类别／军衔	平均级	军龄	工资		基本工资			共享性津贴补贴													国家负担		
			年额	月额（①+②）	总计①	级别	勤奋津贴	合计②	加班补贴	业务管理津贴	家属补贴	勤奋奖金附加金	住房补贴	业绩成果奖金	士官奖金	职业补助金	交通补贴	服务社补贴	节假日休假津贴	年假补贴	合计	养老保险	医疗保险
上将			128,436	10,703	7,523.5	6,944.8	578.7	3,179.5		625	80	130				1,650			694.5		841.7	568.5	273.2
中将			121,744.8	10,145.4	7,389.4	6,821	568.4	2,756		613.9	80	130				1,250			682.1		781.4	522.4	259
少将	14	33	107,714.4	8,976.2	5,403.2	4,987.6	415.6	3,573		448.9	80	130		530		900		832.9	498.8	152.4	697	467.8	229.2
准将	12	29	98,073.6	8,172.8	4,947.9	4,567.3	380.6	3,224.9		411.1	80	130		494.8		750		762.7	456.7	139.6	637.7	429.1	208.6
上校	18	29	97,812	8,151	4,908.8	4,531.2	377.6	3,242.2		407.8	80	130		426.1		650	200	756.7	453.1	138.5	633.8	425.7	208.1
中校	16	24	86,361.6	7,196.8	4,342.3	4,008.3	334	2,854.5		360.7	80	110	80	391.1		500	140	669.4	400.8	122.5	561.3	377.6	183.7
少校	11	16	66,464.4	5,538.7	3,278.9	3,026.7	252.2	2,259.8		272.4	80	80	80	306.7		400	140	505.5	302.7	92.5	426.9	285.5	141.4
上尉	5	7	45,700.8	3,808.4	2,105.2	1,989.2	116	1,703.2	295.8		80	50	80	215.5		250	140	332.2	198.9	60.8	280.4	183.2	97.2
中尉	2	2	27,859.2	2,321.6	1,346.2	1,324.1	22.1	975.4	183			30		143.4		105	120	221.1	132.4	40.5	176.8	117.5	59.3
少尉	2	1	25,492.8	2,124.4	1,213.9	1,203.9	10	910.5	166.8			30		130.4		105	120	201.1	120.4	36.8	159.9	105.7	54.2
准尉	28	27	73,683.6	6,140.3	3,863.9	3,566.7	297.2	2,276.4	295.3		80	130	80	319.8		180	130	595.6	356.7	109	493.7	336.9	156.8
元士	15	27	69,747.6	5,812.3	3,425.5	3162	263.5	2,386.8	281.7		80	130	80	319.2	270	155	130	528.1	316.2	96.6	448.1	299.7	148.4
上士	15	19	55,305.6	4,608.8	2,626.7	2,424.6	202.1	1,977.4	235.4		80	80	80	240.5	270	140	130	404.9	242.5	74.1	347.6	230.1	117.5
中士	8	9	44,676	3,723	1,734.8	1,613.8	121	1,538.2	219.3		80	50	80	153.7	250	105	120	269.5	161.4	49.3	235.3	151.7	83.6
下士	3	2	21,781.2	1,815.1	1,066.4	1,048.9	17.5	748.7	147.2			15		109.4		95	70	175.2	104.9	32	138.2	91.9	46.3
兵长			1,788	149	149	149																	
上等兵			1,615.2	134.6	134.6	134.6																	
一等兵			1,460.4	121.7	121.7	121.7																	
二等兵			1,350	112.5	112.5	112.5																	

附表 6

韩国军人 2013 年工资标准明细表

单位：千韩元

类别 军衔	平均级	军龄	工资		基本工资			共享性津贴补贴													国家负担		
			年额	月额（①+②）	总计①	级别	勤奋津贴	合计②	加班补贴	业务管理津贴	家属补贴	勤奋奖金附加金	住房补贴	业线成果奖金	士官奖金	职业补助金	交通补贴	服务社补贴	节假日休假津贴	年假补贴	合计	养老保险	医疗保险
上将			126,356.4	10,529.7	7,376	6,808.60	567.4	3,153.7		612.8	80	130				1,650			680.9		831.8	567.5	264.3
中将			119,702.4	9,975.2	7,244.6	6,687.30	557.3	2,730.6		601.9	80	130				1,250			668.7		771.8	521.4	250.4
少将	14	33	105,730.8	8,810.9	5,289.7	4,882.80	406.9	3,521.2		439.5	80	130		518.8		900		815.4	488.3	149.2	679.3	458.1	221.2
准将	12	29	96,250.8	8,020.9	4,843.7	4,471.10	372.6	3,177.2		402.4	80	130		484.4		750		746.7	447.1	136.6	621.6	420.2	201.4
上校	18	29	95,407.2	7,950.6	4,805.5	4,435.80	369.7	3,145.1		399.2	80	130		417.2		650	200	740.8	392.4	135.5	617.9	417	200.9
中校	16	24	84,774	7,064.5	4,250.9	3,923.90	327	2,813.6		353.2	80	110	80	382.8		500	140	655.3	392.4	119.9	547.1	369.8	177.3
少校	11	16	65,254.8	5,437.9	3,209.5	2,962.60	246.9	2,228.4		266.6	80	80	80	300.2		400	140	494.8	296.3	90.5	416.1	279.6	136.5
上尉	5	7	44,894.4	3,741.2	2,061.1	1,947.50	113.6	1,680.1	289.6		80	50	80	211		250	140	325.2	194.8	59.5	273.3	179.4	93.9
中尉	2	2	27,338.4	2,278.2	1,317.9	1,296.30	21.6	960.3	179.2			30		140.4		105	120	216.5	129.6	39.6	171.8	114.6	57.2
少尉	2	1	25,020	2,085	1,188.3	1,178.50	9.8	896.7	163.3			30		127.7		105	120	196.8	117.9	36	155.9	103.6	52.3
准尉	28	27	72,294	6,024.5	3,783.1	3,492.10	291	2,241.4	289.2		80	130	80	313.1		180	130	583.2	349.2	106.7	481.3	330.1	151.2
元士	15	27	68,497.2	5,708.1	3,353.6	3,095.60	258	2,354.5	275.8		80	130	80	312.5	270	155	130	517	309.6	94.6	436.9	293.6	143.3
上士	15	19	54,268.8	4,522.4	2,570.8	2,373.00	197.8	1,951.6	230.4		80	80	80	235.1	270	140	130	396.3	237.3	72.5	338.8	225.3	113.5
中士	8	9	38,619.6	3,218.3	1,698.1	1,579.60	118.5	1,520.2	214.6		80	50	80	150.5	250	105	120	263.8	158	48.3	229.4	148.6	80.8
下士	3	2	21,369.6	1,780.8	1,044	1,026.90	17.1	736.8	144.1			15		107.1		95	70	171.5	102.7	31.4	134.7	90	44.7
兵长			1,555.2	129.6	129.6	129.6																	
上等兵			1,404	117	117	117																	
一等兵			1,269.6	105.8	105.8	105.8																	
二等兵			1,170	97.5	97.5	97.5																	

附表 7

韩国军人 2012 年工资标准明细表

单位：千韩元

类别 军衔	平均级	军龄	工资		基本工资			共享性津贴补贴													国家负担		
			年额	月额（①+②）	总计①	级别	勤奋津贴	合计②	加班补贴	业务管理津贴	家属补贴	勤奋奖金附加金	住房补贴	业绩成果奖金	士官奖金	职业补助金	交通补贴	服务社补贴	节假日休假津贴	年假补贴	合计	养老保险	医疗保险
上将			12,3042	10,253.5	7,141	6,591.70	549.3	3,112.5		593.3	80	130				1,650			659.2		803.2	549.7	253.5
中将			116,446.8	9,703.9	7,013.8	6,474.30	539.5	2,690.1		582.7	80	130				1,250			647.4		745	505.1	239.9
少将	14	33	102,393.6	8,532.8	5,114.7	4,716.60	398.1	3,418.1		424.5	80	130		480.1		900		787.7	471.7	144.1	653.6	442.8	210.8
准将	12	29	93,110.4	7,759.2	4,678.5	4,318.60	359.9	3,080.7		388.7	80	130		446.9		750		721.2	431.9	132	598	406.2	191.8
上校	18	29	92,988	7,749	4,642.3	4,285.20	357.1	3,106.7		385.7	80	130		386		650	200	715.6	428.5	130.9	599.7	408.1	191.6
中校	16	24	82,078.8	6,839.9	4,106.6	3,790.70	315.9	2,733.3		341.2	80	110	80	354.2		500	140	633	379.1	115.8	526.7	357.6	169.1
少校	11	16	63,199.2	5,266.6	3,099.9	2,861.40	238.5	2,166.7		257.5	80	80	80	277.8		400	140	477.9	286.1	87.4	400.5	270.3	130.2
上尉	5	7	43,491.6	3,624.3	1,990.8	1,881.10	109.7	1,633.5	278.6		80	50	80	195.2		250	140	314.1	188.1	57.5	263.1	173.5	89.6
中尉	2	2	26,436	2,203	1,273.1	1,252.20	20.9	929.9	172.4			30		129.9		105	120	209.1	125.2	38.3	165.3	110.8	54.5
少尉	2	1	24,201.6	2,016.8	1,147.9	1,138.40	9.5	868.9	157.1			30		118.1		105	120	190.1	113.8	34.8	150	100.1	49.9
准尉	28	27	69,891.6	5,824.3	3,653.2	3,372.20	281	2,171.1	278.1		80	130	80	289.6		180	130	563.2	337.2	103	463	319	144
元士	15	27	65,503.2	5,458.6	3,239.4	2,290.30	249.2	2,219.2	265.3		80	130	80	289.1	200	155	130	499.4	299	91.4	418.7	283.8	134.9
上士	15	19	51,900	4,325	2,483.3	2,292.30	191	1841.7	221.6		80	80	80	217.5	200	140	130	382.8	237.3	72.5	338.8	225.3	113.5
中士	8	9	36,896.4	3,074.7	1,640	1,525.60	114.4	1,434.7	206.5		80	50	80	139.2	200	105	120	254.8	152.6	46.6	219.7	143.7	76
下士	3	2	20,658	1,721.5	1,008.5	992.00	16.5	713	138.7			15		99.1		95	70	165.7	99.2	30.3	129.6	87	42.6
兵长			1,296	108	108	108																	
上等兵			1,170	97.5	97.5	97.5																	
一等兵			1,058.4	88.2	88.2	88.2																	
二等兵			978	81.5	81.5	81.5																	

附表 8　2014 年韩国一般公务员、特定职公务员、别定职公务员基本工资标准明细表

单位：千韩元

档次＼级别	1 级	2 级	3 级	4 级	5 级	6 级	7 级	8 级	9 级
1	3,361.7	3,026.4	2,730.3	2,340.1	2,091.3	1,725.2	1,548.1	1,380.4	1,227.6
2	3,479.5	3,138.7	2,831.4	2,435.7	2,175.8	1,805.4	1,618.8	1,447.4	1,290.5
3	3,600.4	3,252.3	2,935.4	2,532.8	2,263.4	1,888.2	1,693.5	1,518.1	1,357.2
4	3,723.9	3,367.4	3,040.2	2,632.2	2,354.5	1,972.9	1,772.1	1,590.1	1,427.9
5	3,850.4	3,483.6	3,146.7	2,732.9	2,448.1	2,059.9	1,853.4	1,665.3	1,499.2
6	3,978.5	3,600.3	3,254.3	2,834.6	2,543.6	2,149.5	1,936.8	1,742.1	1,572.2
7	4,108.5	3,718.4	3,363.0	2,937.2	2,640.7	2,239.2	2,020.9	1,819.4	1,642.0
8	4,239.7	3,836.5	3,472.1	3,040.5	2,738.8	2,329.3	2,105.2	1,893.3	1,709.4
9	4,372.4	3,955.2	3,582.1	3,443.9	2,837.2	2,419.6	2,185.5	1,964.1	1,773.9
10	4,506.2	4,047.0	3,692.1	3,247.3	2,936.5	2,504.4	2,262.2	2,030.9	1,835.8
11	4,639.7	4,193.2	3,802.1	3,351.6	3,028.9	2,584.8	2,334.5	2,095.7	1,895.0
12	4,777.5	4,316.5	3,916.4	3,449.7	3,118.2	2,663.9	2,405.5	2,159.0	1,953.7
13	4,916.2	4,440.7	4,022.5	3,541.6	3,203.1	2,738.3	2,472.9	2,219.9	2,010.0
14	5,055.3	4,552.9	4,120.9	3,627.3	3,282.2	2,808.6	2,537.5	2,278.0	2,064.7
15	5,176.8	4,656.6	4,211.6	3,707.9	3,356.8	2,876.2	2,599.0	2,333.8	2,117.0
16	5,284.6	4,751.6	4,296.3	3,783.9	3,427.2	2,939.4	2,657.4	2,387.6	2,167.7
17	5,380.3	4,839.0	4,374.9	3,854.5	3,493.3	2,999.8	2,713.4	2,437.9	2,217.1
18	5,465.6	4,918.7	4,448.0	3,920.6	3,555.8	3,057.0	2,766.9	2,486.8	2,263.3
19	5,541.9	4,992.5	4,515.7	3,982.2	3,614.6	3,111.1	2,817.1	2,533.6	2,308.5
20	5,610.3	5,059.9	4,578.9	4,039.8	3,669.7	3,162.1	2,865.2	2,578.3	2,351.6
21	5,673.3	5,121.3	4,637.5	4,093.7	3,721.5	3,211.2	2,911.0	2,621.0	2,392.3
22	5,729.5	5,177.9	4,691.8	4,144.2	3,770.2	3,257.2	2,954.2	2,661.9	2,431.5
23	5,776.8	5,229.6	4,742.0	4,191.6	3,816.3	3,300.5	2,996.0	2,700.9	2,468.7
24		5,271.8	4,788.7	4,236.1	3,859.2	3,341.8	3,035.7	2,738.5	2,504.5
25		5,312.2	4,827.3	4,277.0	3,899.8	3,381.1	3,073.2	2,774.1	2,538.6
26			4,863.8	4,311.6	3,938.1	3,418.1	3,109.2	2,808.8	2,569.4
27			4,898.0	4,343.6	3,969.9	3,453.3	3,139.7	2,837.6	2,596.0
28				4,374.1	4,000.4	3,482.8	3,168.1	2,865.5	2,621.6

续表

级别 档次	1级	2级	3级	4级	5级	6级	7级	8级	9级
29					4,028.4	3,510.4	3,195.7	2,891.7	2,646.3
30					4,055.6	3,537.7	3,221.7	2,917.2	2,670.2
31						3,562.9	3,246.5	2,941.9	2,693.8
32						3,586.8			

注：一般公务员：负责公共行政事务的公务员。

特定职公务员：法官、检察官、外交官、警察、消防员、情报人员等。特定职业公务员从属于经历职公务员（在某个业务阅历的人在新的职场从事同一项工作所获职位）。

别定职公务员：在法律上没有明确的规定，不受国家和地方公务员法的制约，通过选举产生的公务员，如国务会议成员、政府各部次官、其他部级机构的副主任、大使、公使、法官、被任命的政界官员秘书、国防部门文职人员、道知事、首尔和五个大城市的市长等。

附表 9 2015 年韩国一般公务员、特定职公务员、别定职公务员基本工资标准明细表

单位：千韩元

级别 档次	1 级	2 级	3 级	4 级	5 级	6 级	7 级	8 级	9 级
1	3,513.0	3,162.6	2,853.2	2,445.4	2,185.4	1,802.8	1,617.8	1,442.5	1,282.8
2	3,636.1	3,279.9	2,958.8	2,545.3	2,273.7	1,886.6	1,691.6	1,512.5	1,348.6
3	3,762.4	3,398.7	3,067.5	2,646.8	2,365.3	1,973.2	1,769.7	1,586.4	1,418.3
4	3,891.5	3,518.9	3,177.0	2,750.6	2,460.5	2,061.7	1,851.8	1,661.7	1,492.2
5	4,023.7	3,640.4	3,288.3	2,855.9	2,558.3	2,152.6	1,936.8	1,740.2	1,566.7
6	4,157.5	3,762.3	3,400.7	2,962.2	2,658.1	2,246.2	2,024.0	1,820.5	1,642.9
7	4,293.4	3,885.7	3,514.3	3,069.4	2,759.5	2,340.0	2,111.8	1,901.3	1,715.9
8	4,430.5	4,009.1	3,628.3	3,177.3	2,862.0	2,434.1	2,199.9	1,978.5	1,786.3
9	4,569.2	4,133.2	3,743.3	3,285.4	2v964.9	2,528.5	2,283.8	2,052.5	1,853.7
10	4,709.0	4,257.3	3,858.2	3,393.4	3,068.6	2,617.1	2,364.0	2,122.3	1,918.4
11	4,848.5	4,381.9	3,973.2	3,502.4	3,165.2	2v701.1	2,439.6	2,190.0	1,980.3
12	4,992.5	4,510.7	4,092.6	3,604.9	3,258.5	2,783.8	2,513.7	2,256.2	2,041.6
13	5,137.4	4,640.5	4,203.5	3,701.0	3,347.2	2,861.5	2,584.2	2,319.8	2,100.5
14	5,282.8	4,757.8	4,306.3	3,790.5	3,429.9	2,935.0	2,651.7	2,380.5	2,157.6
15	5,409.8	4,866.1	4,401.1	3,874.8	3,507.9	3,005.6	2,716.0	2,438.8	2,212.3
16	5,522.4	4,965.4	4,489.6	3,954.2	3,581.4	3,071.7	2,777.0	2,495.0	2,265.2
17	5,622.4	5,056.8	4,571.8	4,028.0	3,650.5	3,134.8	2,835.5	2,547.6	2,316.9
18	5,711.6	5,140.0	4,648.2	4,097.0	3v715.8	3,194.6	2,891.4	2,598.7	2,365.1
19	5,791.3	5,217.2	4,718.9	4,161.4	3,777.3	3,251.1	2,943.9	2,647.6	2,412.4
20	5,862.8	5,287.6	4,785.0	4,221.6	3,834.8	3,304.4	2,994.1	2,694.3	2,457.4
21	5,928.6	5,351.8	4,846.2	4,277.9	3,889.0	3,355.7	3,042.0	2,738.9	2,500.0
22	5,987.3	5,410.9	4,902.9	4,330.7	3,939.9	3,403.8	3,087.1	2,781.7	2,540.9
23	6,036.8	5,464.9	4,955.4	4,380.2	3,988.0	3,449.0	3,130.8	2v822.4	2,579.8
24		5,509.0	5,004.2	4,426.7	4,032.9	3,492.2	3,172.3	2,861.7	2,617.2
25		5,551.2	5,044.5	4,469.5	4,075.3	3,533.2	3,211.5	2,898.9	2,652.8
26			5,082.7	4,505.6	4,115.3	3,571.9	3,249.1	2,935.2	2,685.0
27			5,118.4	4,539.1	4,148.5	3,608.7	3,281.0	2,965.3	2,712.8
28				4,570.9	4,180.4	3,639.5	3,310.7	2,994.4	2,739.6

续表

级别 档次	1级	2级	3级	4级	5级	6级	7级	8级	9级
29					4,209.7	3,668.4	3,339.5	3,021.8	2,765.4
30					1,238.1	3,696.9	3,366.7	3,048.5	2,790.4
31						3,723.2	3,392.6	3,074.3	2,815.0
32						3,748.2			

注：一般公务员：负责公共行政事务的公务员。

特定职公务员：法官、检察官、外交官、警察、消防员、情报人员等。特定职业公务员从属于经历职公务员（在某个业务阅历的人在新的职场从事同一项工作所获职位）。

别定职公务员：在法律上没有明确的规定，不受国家和地方公务员法的制约，通过选举产生的公务员，如国务会议成员、政府各部次官、其他部级机构的副主任、大使、公使、法官、被任命的政界官员秘书、国防部门文职人员、道知事、首尔和五个大城市的市长等。

结语

工资作为劳动经济学中核心指标，地位等同于微观经济学中的价格指标，其是劳动力配置的风向标。在 2014 年出版的著作《军人工资关系研究》中，笔者提出了“军人工资关系应服务和支撑一国军事战略”的观点，即军人工资关系是在军事战略需求的牵引下，通过明晰“军队需要什么样的人员”、“军队鼓励军人怎样的行为”等基础性问题，以明确军队人力资源管理战略，进而为确立军人工资关系提供依据，并通过设计科学的工资制度来引导和规范军人个体的行为，以促进军事战略的实现。虽然这一观点逻辑严密、贴近实际，但现实世界各国军人工资管理是否也遵循这一运行机理？当时由于个人精力有限，却没能深入研究。但从那时起，笔者就萌生了系统考察世界典型国家军人工资制度的想法，特别是想探明世界军事强国是否将军人工资制度作为优化军事人力资源配置的有力工具和推进军事战略实施的强大抓手，它们的军人工资制度能对完善我军工资制度提供什么样的视角、思路和措施。

为汲取发达国家军人工资管理的先进经验和科学模式，了解同为发展中国家军人工资管理状况，摸清周边军事强国军人工资制度内容，本书初始选取了美国、俄罗斯、英国、法国、德国、日本、韩国和印度八国的军人工资制度作为研究对象，但由于各国对军人工资在保密性、公开性和规范性等方面差异，德国和印度的军人工资信息难以搜集，最终忍痛放弃，只对其余六国军人工资制度进行了全面深入的分析。但这也没有影响到本书的系统性和全面性，美国作为当今世界唯一的超级大国，其工资制度是许多国家学习的标杆；英、法两国是老牌的资本主义国家，也是世界军力排名前十的国家，军人职业化改革都已完成，军人工资制度也较为科学完善；俄罗斯是军事强国，也是金砖国家，发展阶段和面临的机遇挑战与我国有许多相似点，且两国的军人工资制度最初的参考模板都可追溯于苏联的军人工资制度；日、韩两国都是东亚军事强国，军队建设正规化水平高，且都秉持着相通的东方文化，其军人工资管理模式具有一定借鉴价值。

在开始研究后，笔者很快发现研究的工作量和难度远超自己的想象，且随着研究的深入，笔者对军人工资问题的理解也逐渐深化。军人工资问题不是一个简单的标准和水平问题，它涉及军队的体制编制、工资的支付基础、工资的项目构成与功能、工资的管理体制、工资的法律法规、工资的调整机制及军地工资水平的对比等直观性问题，更为重要的是工资管理系统存在的深层次意义在于能提升军人职业在劳动力市场的外部竞争力，保持对内部人员的激励性和公平性，最终实现吸引和保留军队所需人才，并促进军内人员的优化配置和合理流动。因此，军人工资问题不是一个单纯的报酬问题，微观层面它是激发军人个体勤奋工作的经济因素，中观层面它是军队管理军人个体的重要激励约束机制，宏观层面它是支撑军队和国防建设的人力资源规划实施的重要工具。笔者为自己当初选择这一命题开展研究感到欣慰，也为通过深入研究后洞察出军人工资领域的普适性规律感到振奋。

通过深入研究世界典型国家军人工资制度的状况，我军工资制度改革应着力从指导思想、制度构成和管理体系三个方面汲取和借鉴外军工资的有益做法。首先，应提高对军人工资制度重要性的认识，将军人工资制度设计上升到一国军事战略需求的高度来整体谋划。美、俄两国这一特点最为明显，军人工资制度与国家战略紧密契合，基本遵循国家安全战略和军事战略需要什么样的军事人力资源战略，军事人力资源战略的实施需要什么样的人才和要求人员怎样的技能、素质和责任心，进而运用工资这一工具去吸引和保留所需人才、激励和约束人员行为这一逻辑来设计军人工资制度，这也正印证了本书研究的初心。其次，应清晰定位军人工资项目功能，保持工资项目间比例协调，并建立科学的调资机制。世界典型国家军人工资项目大体可划分为基本工资、津贴补贴和奖金三大块，这三大项目的功能和地位各不相同。基本工资着力保障全体军人共同需求，在军人工资收入中居于主体地位，标准大都全军统一；津贴补贴都体现按要素分配原则，是军人工资收入的重要组成，津贴大都与军人工作岗位、参与军事行动等条件挂钩，体现军事特性强；补贴大都补偿军人因参军而给自身及家庭带来的机会成本，与军人工作地域、家庭状况等相关，体现对军人职业的补偿性；奖金是对军人工作业绩的褒奖，具有一定弹性，虽然其占工资收入的比重不大，但激励性较强。同时，军人工资收入中基本工资、津贴补贴和奖金的比例要适当，三者比例大体为 6:3:1；军人工资的高低比例大体为 5:1 ～ 7:1，较好兼顾工资对人员的激励性和公平性。最后，世界典型国家均对军人工资实施法治化管理，管理体系规范严密。不论是军人地位、军人所处经济阶层、军人工资的水平定位，还是军人工资信息收集、调资机制和实施程序等，世界典型国家都通过一整套规范的法律体系和严密的运行机制来保障军人工资待遇落地，既体现国家对军人地位的重视，又使全社会尊崇军人职业，并吸引人才积极投身军营。

当前，我国前所未有地接近实现中华民族伟大复兴目标，前所未有地靠近世界舞台中心，但前进的道路也可能将面临前所未有的压力和阻力。世界舞台的中心也是世界擂台的中心，特别是我国面临的安全威胁将会更加严峻和复杂。近代中国屈辱史早已昭示我们，要想实现持久和平，惟有谋国家强盛、军队强大之势。在强国梦、强军梦已成为时代号角的今天，军人工资制度作为支撑军队建设发展的重要构件，理应清晰定位和全局谋划。全面了解世界典型国家的军人工资状况，善善从长，为改革我军工资制度提供借鉴和参考，也是新时期一项有意义的研究课题。本书观点希望能引起更多的思想争鸣，期盼更多学者投身军人工资问题的研究，大家撸起袖子加油干，必能形成更好、更多的研究成果，为完善我军工资制度添砖加瓦。

参考文献

[1] 若米尼:《战争艺术概论》，华中科技大学出版社 2016 年版。

[2] 鲍德威、威迪逊，邓力平译:《公共部门经济学》第 2 版，中国人民大学出版社 2000 年版。

[3] 伊兰伯格、史密斯:《现代劳动经济学——理论与公共政策》，中国人民大学出版社 2000 年版。

[4]（英）基斯·哈特利、（美）托德·桑德勒:《国防经济学手册》，经济科学出版社 2001 年版。

[5] 乔治·T. 米尔科维奇、杰里·M. 纽曼:《薪酬管理》，中国人民大学出版社 2001 年版。

[6] 雷蒙德·A. 诺依:《论人力资本管理: 赢得竞争优势》第 3 版，中国人民大学出版社 2001 年版。

[7]（美）托马斯·B. 威尔逊:《薪酬框架——美国 39 家一流企业的薪酬驱动战略——秘密体系》，华夏出版社 2001 年版。

[8] 刘昕:《薪酬管理》，中国人民大学出版社 2002 年版。

[9] 文跃然:《薪酬管理原理》，复旦大学出版社 2004 年版。

[10] 田小文:《外国兵役制度概览》，军事科学出版社 1997 年版。

[11] 张振龙:《军人工资福利论》，山西人民出版社 2004 年版。

[12] 郝万禄、李秀朋:《中国军人收入分配制度研究》，中国经济出版社 2005 年版。

[13] 赵俊兰:《军人薪酬的理论与制度》，中国经济出版社 2005 年版。

[14] 翟刚:《美国国防费管理概况》，国防工业出版社 2007 年版。

[15] 翟刚:《日本国防费管理概况》，国防工业出版社 2010 年版。

[16] 钟仁耀主编:《社会保障概论》第 4 版，东北财经大学出版社 2013 年版。

[17] 中共中央党校国际战略研究所编:《2012 年的世界回顾与展望》，新华出版社 2013 年版。

[18] 王道伟、荆博、聂昕阳编著:《军事后勤战争胜败的强力杠杆》第 1 版，蓝天出版社 2011 年版。

[19]（美）斯图尔特·E. 约翰逊、马丁·C. 利比基、格雷戈里·F. 特雷弗顿:《防务决策的新挑战和新工具》，中国宇航出版社 2006 年版。

[20] 何宪主编:《改革完善公务员工资制度研究》，中国人事出版社 2015 年版。

[21] 冉斌:《薪酬设计与管理》，海天出版社 2002 年版。

[22] Armed Forces' Pay Review Body，Forty-Fourth Report 2015.

[23] Beth J Asch，John T.Warner：A Theory of Compensation and Personel Policy in Hierarchical Organizations with Applications to the United States Military[J]，Journal of Labor Economic，2001，Vol.19，No.3.

后记

本书是教育部高等学校全国优秀博士学位论文作者专项资金资助项目《基于战略导向的军人工资改革研究》课题（编号:2014090）的阶段性成果，其在课题中的作用是探明外军工资制度状况，为我军工资制度改革和完善提供思路借鉴、模式选择和方法措施。经过一年多的搜集资料、理清思路和笔耕不辍，今天沉甸甸的书稿终于得以成型，写作中艰辛、愤懑、喜悦和洞开等感受也都定格为美好的回忆，成为我学术征程中的前进坐标。

军人工资制度绝不仅是劳动市场上“雇佣劳动的报酬制度”，它与国情、军情密切联系，与军队体制编制、付酬基础深度契合，又落地于体现军人个体劳动价值、区分军人间工作差异、调动军人工作积极性和创造性。因此，不客气地说，不了解一国国家战略、军事战略、国家法制体系、军队编成、军事文化等，很难洞察一国军人工资制度的精髓。虽受自身能力、资料和时间等因素的限制，本书的研究还不够全面，一些方面还有待斟酌，但作者一直努力在展示世界典型国家军人工资制度的整个运行轮廓，以期将军人工资从传统的保障军人个体需求的窠臼中跳出来，把工资当作一种人力资源管理的战略工具和手段，在此也恳请各位同行不吝指正。

本书得以成稿，要衷心感谢肖晓勇讲师、刘思琦讲师和周丹讲师，在本书写作中给予的启迪、指点和帮助，使我拓宽研究视野和学术思路，在思想中留下他们睿智的思维印记。本书得以出版要特别中国财政经济出版社卢关平编辑，从书的修改、定稿和出版的每个环节，都不辞辛劳一一给予指正。感谢王婷硕士和向鑫硕士在本书写作中为搜集资料付出的辛劳，并提供了许多有益思路。

作　者

二〇一七年三月十六日